唐朝往事系列

耿元骊 主编

唐律经纬

中国古代法制的坐标

孙宁 著

辽宁人民出版社

图书在版编目（CIP）数据

唐律经纬：中国古代法制的坐标 / 孙宁著 .
沈阳：辽宁人民出版社，2025.1. —（唐朝往事系列 /
耿元骊主编）. —ISBN 978-7-205-11238-7

Ⅰ . D929.4–49

中国国家版本馆 CIP 数据核字第 2024G6X488 号

出版发行：辽宁人民出版社
　　　　　　地址：沈阳市和平区十一纬路 25 号　邮编：110003
　　　　　　电话：024-23284191（发行部）　024-23284304（办公室）
　　　　　　http://www.lnpph.com.cn
印　　　刷：天津光之彩印刷有限公司
幅面尺寸：145mm×210mm
印　　张：10.25
字　　数：174 千字
出版时间：2025 年 1 月第 1 版
印刷时间：2025 年 1 月第 1 次印刷
责任编辑：赵维宁
助理编辑：姚　远
封面设计：乐　翁
版式设计：一诺设计
责任校对：耿　珺
书　　号：ISBN 978-7-205-11238-7

定　　价：78.00 元

总　序

盛唐：中华文明的辉煌时代

唐朝有自己独特的气质。当我们提起唐朝，经过长达千年集体记忆形塑，大概每一个华人都会立刻呈现一幅宏大画卷萦绕脑海，泱泱大国典范形象勃现眼前，甚至还会莫名有一种自豪感油然而生。三百年波澜壮阔（实289年），四千位杰出人物（两《唐书》有姓名者约数），五千万烝民百姓（开元载簿约数，累计过亿），共同在欧亚大陆东端上演了一出雄浑壮丽、辉煌灿烂的人间大剧。

唐朝在中国历史上有着巍然的地位。它海纳百川，汲取万方长处；自信宏达，几无狭隘自闭之风。日本学者外山军治以域外之眼，推崇隋唐时代是"世界性的帝国"，自有其独到眼光。唐代在数百年乱世基础上，在经历多次民族大融合之后，引入周边各族之精英及其文化，融合再造生机勃勃的新一代文化，从而使以华夏文明为中心的中原文明再次焕发出生机与活力。唐朝，也成为中华文明辉煌的时代。如果在朝代之间进行比赛，唐代在大多数项目上都能取得前几名，"唐"也与"汉"共同成为中华代称。

唐朝有着空前辽阔的疆域。其开疆拓土之勇猛气概与精细作业之高超能力，一时无双。皇帝的"天可汗"称号，使唐成为周边各区域政权名义共主。这是一个大有为的豪迈时代，自张骞通西域以来，再次大规模稳定沟通西域，所谓"是时中国盛强，自安远门西尽唐境凡万二千里，闾阎相望，桑麻翳野"。在南方则形成了稳定通畅的广州通海夷道，大概是同时代世界上最远的航路。杜环、杨良瑶在中亚游历，促进了东西方海路沟通，大批波斯、大食商人来到广州，唐代和中亚、西方直接往来越来越密切，唐帝国是世界舞台上的优胜者。

大唐独有气质、巍然历史地位、空前辽阔疆域，共同形成了"盛唐气象"。"盛唐气象"也从最初描绘诗文格调的形容词，逐渐转变为唐代整个社会风范的代名词。"盛唐"逐步成为描绘唐朝基本面貌最常用词语，一个典范概括。唐朝各个方面，都呈现出进取有为和气质昂扬的面貌，无论是精神、文化还是生活上，都展现了独特时代风貌，其格局气势恢宏，境界深远，深深体现在盛唐精神、文化、生活等各个方面。

盛唐的精神

大唐精神体现在何处？首先是开放的心态，其次是大规模的制度建设。没有开放心态，就不会建成这些制度。唐朝有传统时代最开放的万丈雄心，不自卑，也不保守，更没有"文化本位主义"的抱残守缺。上层统治群体胡人血统很深，胡汉通婚情况很普遍，社会氛围基本不强调排外。唐高祖母独孤氏，太宗母窦氏、皇后长孙氏，这些都是鲜卑人。"胡客留长安久者，或四十余年"，来华的日本人很多在唐娶妻生子，大食国李彦、朝鲜半岛崔致远等，都考中进士，日本人阿倍仲麻吕进士及第后还当过官员。华夷观念上，没有鲜明对抗。唐朝人不自限天地，也不坐井观天。

在制度建设方面，唐朝延续了隋朝之初创，多方面建立了模板标杆，后代仿而行之，千年而未改，是盛唐精神最佳外在表现。在中央行政体制上，建立了完善的三省六部制，其体制健全，运行相对其他制度较为顺畅。结束了家国一体、门阀政治局面，以皇帝为核心，建立官僚政治制度，以严密官僚体系，分门别类推动行政运作，这个基本框架和运行模式历经改良在后世得到了长期沿用。在法律上，唐代创建了律令格式体系，形成了中华法系。特别是唐律，不仅仅在中国，在东亚历史上都有着重要地位，得到了长期沿用。在科举体制上，进一步完善科举模式，也得到了长期沿用。科举公平考试最受益者无疑是寒素出身者，推动并加快了社会阶层流动速度。在礼制这个社会等级秩序最鲜明标志物的建设上，唐代也有着最大贡献，形成了最早的国家礼典，在东亚文化体系当中影响巨大。

盛唐时期昂扬向上，走在各方面都开创事功的道路上，能出现贞观之治、开元盛世新局面，也就不足为奇。虽然安史之乱打破了原有局势，但是它并没有颠覆已经形成的大格局，所以唐朝仍能继续维系百年以上。

盛唐的文化

唐朝是文化的时代，各种艺术形式都让人有如臻化境之感。大唐是诗之国度，唐诗是诗之顶峰，唐诗至今仍是我们中国人日常最爱古典文化，谁不能脱口而出一两句唐诗呢！唐诗厚重与灵巧并重，对现实、人生总是充满着昂扬奋发的精气神，所体现出的时代精神是那么刚健、自豪！读李白诗，不由得让人有意气风发之感。读杜甫诗，不由得起家国之深思。才气纵横如李白，勤思苦练如杜甫，是唐诗当中最亮的双子星。读边塞诗，似亲行塞上，悲壮深沉。读田园诗，则宁静致远，平和悠适。即使安史之乱以后，大唐仍然有元稹、白居易、韩愈、柳宗元等诸多诗文大家。韩、柳更是开启古文运动，兴起一代文体新风。无论是诗还是文，大唐诗人都已长领风骚千年之久。即使到了白话文广泛通行的今日，唐诗、古文又有哪个华夏子孙不读之一二呢？

而绘画、书法、舞蹈与音乐、史学等都在中国历史上具有重要意义，是前此千年的总结，又是后此千年的开创。吴道子是唐代最有名的天才画家，"吴带当风"，被称颂为"气韵生动"，自成一派；而山水画也开始兴起，出现了文人画，两派画风都深深影响了宋朝人审美趣味，流风余韵至今日。书法在本质上已经脱离了记录符号，其实也是一种绘画，是绘画和文字本身含义的结合体。唐代书法大盛，书法理论自成一格。前期尊崇王羲之书法，盛唐之后形成了张旭草书新体，书风飘逸；又形成了颜真卿楷书，端庄正大，成为至今通行常用字体，其影响可谓远矣。舞蹈与音乐更是传统时代的顶峰，太宗时形成"十部乐"，广泛引入了域外曲调。盛唐时代，更是从玄宗到乐工，都精于音律，《秦王破阵乐》《霓裳羽衣曲》大名流传至今。唐代史学承前启后，《隋书·经籍志》确定了史部领先子、集的地位，一直沿用到《四库全书》。纪传体成为正史唯一体裁，也是在唐代得以确立，"二十四史"由唐朝修成有 8 部之多。设史馆，修实录，撰国史，成为持续千年的国家规定动作，影响之大，自不必言。

文化是盛唐精神的最佳展示，是大唐时代风貌的具象化展示，表达了全社会的心理和情绪。

盛唐的生活

盛唐时代经济富庶，生活安定，杜甫有一首脍炙人口之史诗可为证："忆昔开元全盛日，小邑犹藏万家室。稻米流脂粟米白，公私仓廪俱丰实。"这就是唐代经济社会繁盛的形象化表述。盛唐时代，"天下大稔，流散者咸归乡里，……东至于海，南及五岭，皆外户不闭，行旅不赍粮，取给于道路"，几乎是到当时为止农业经济条件下，所能取得的最高峰。南方特别是江南得到了广泛开发，开元、天宝之时，长江三角洲开发已经取得了显著成绩，工商业更加发达，经济水平在全国取得了领先性地位。

盛唐时代，也是宗教繁荣时代。高宗建大慈恩寺，请玄奘译经。武则天更是深度利用佛教，在全国广建大云寺，推动了佛教大发展。玄宗尊崇密宗，行灌顶仪式，成为佛弟子。除唐武宗灭佛之外，唐代其他皇帝基本是扶持利用佛教。在中国历史上，唐代是佛教全盛时代，整个社会笼罩在佛教影子之下。唐朝也崇信道教，高祖自称老子后裔，高度推崇道教，借道教提高李氏地位，建设了一大批道教宫观。太宗规定道士地位在僧人之前，高宗追封老子，睿宗两个女儿出家入道。玄宗对老子思想高度赞赏，尊《老子》为《道德真经》，并亲自为其注释，颁行全国。

在唐代社会生活中，婚姻、丧葬、教育、养老是最重要的内容。盛唐时代，婚姻仍然非常看重门第，观察对方家族的社会名望和地位，对等才能让子女结合，基本实行一夫一妻多妾制。丧礼是社会关系确认重要标志，唐代有厚葬之风。在丧葬仪式方面，朝廷出台了官方规定，形成了系统化、程序化仪式。教育在盛唐时代也被高度关注，中央设立六学二馆，地方上设置了郡学和县学，开元时期全国各州县普遍设学。唐朝强调以"孝"治国，唐玄宗亲自为《孝经》作注，提高了老人地位，对老人提供各种礼节性待遇。

盛唐时代，虽然围绕最高权力争夺不断，但是百姓生活尚称安乐。然而，"渔阳鼙鼓动地来，惊破霓裳羽衣曲"，大唐转折来得也很猛烈，安史之乱对盛唐造成了重大伤害。另外，在我们对大唐赞叹有加的同时，不得不说，唐代短板也很多，特别是原创思想开拓性不足，微有遗憾。在传统时代唐朝所具有的开放性足以为傲，但是对其相对的封闭性也要有明确认识，值得思考。唐朝社会精英可以对外开放，但是普通百姓必须遵守牢笼规则，遍布长安的高墙和里坊就是佐证。大唐女性，看起来可以袒胸露乳，气质昂扬，独立自主，但只是少部分贵族妇女。大部分普通女性，还是生活在枷锁之中，虽然还没有裹脚这种身体残害，但是被禁锢的附属品命运还是传统时代所常见。

总之，唐朝个性鲜明，"大一统"最终成为定局。在唐朝之前，只有汉朝在一个较长时期内落实了大一统。隋朝虽然恢复了大一统体制，但是流星般的命运让它没有时间稳固大一统。唐朝立国稳定，最终把大一统定局为中华政体的深层底蕴结构，从此，大一统有了稳定轨道和天然正义性，延续千年，成为中华民族社会心理的共同基本。

如此唐朝，谁又不爱，谁又不想了解呢？然而时代变迁，让每个人都从史籍读起，显然不可能。虽然坊间关于唐代的读物已有不少，其中品质高超者也为数甚多，但是在文史百花园当中，自当要百花齐放，因此即使关于唐朝的普及性读物已经汗牛充栋，我们还是要在这著述之海当中，继续增加一些新鲜气息，与读者共赏唐朝之美！我们曾表达过，孟浩然"人事有代谢，往来成古今"最能代表我们的心声。没有人，没有事，也就没有历史。见人，见事，方见历史。所以，我们愿意努力在更多维度上为读者提供思考和探寻唐代历史的基础，与已经完成的"宋朝往事"略有不同，在人和事两方面基础上，增加了典制内容。大唐三百年历程，人事繁杂，典制丰富。我们采中国传统史学模式当中的纪事本末、列传、典制体裁之意，并略有调整，选十事、五人、五专题进行定向描绘，各书文字流畅，线索清晰，分析准确精当，且可快速读完。希望读者能和我们一起从更多维度观察唐、了解唐、思考唐，回首"唐朝往事"。

公元 617 年，留守晋阳（今山西太原）的唐国公李渊起兵，拉开了大唐王朝序幕，攻势如破竹，一年不到就改换了天地。虽然正史当中塑造了一个平庸的李渊形象，但是实情是没有李渊的方略和能力，就不会建成大唐。玄武门之变，兄弟刀兵相见，血流成河；父子反目，无奈老皇退位。从玄武门之变到出现贞观之治，二十多年时光，选贤任能、开疆拓土、建章立制，李世民留给世界一段值得长期探讨、反复思考的"贞观"长歌。太宗才人武媚，与高宗李治一场姐弟恋，却开创了大唐一段新故事。武周霸业，建神都洛阳，成就武则天唯一女皇。神龙元年（705），李武势力默认，朝臣积极推动，"五王"主导政变成功，女皇被迫退位，重新成为李家儿媳。此后十年间，四次政变，四次皇位更迭，大唐核心圈就没有停止过刀光剑影，但是尚未伤到帝国根本。玄宗稳定了政局，"贞观之风，一朝复振"，再开新局，开放又自由，包容又豁达，恢宏壮丽的极盛大唐就体现在开元时代。

"开元盛世"四字，至今脍炙人口。

盛极而衰，自然之理。盛世接着就是天宝危机，酿成安史之乱。这场大变乱，改变了中国历史走向，时间长，范围广，破坏大，影响深。战乱过后，元气大伤。河朔藩镇只是名义上屈服，导致朝廷也只能屯兵防备。彼此呼应，武人势力极度膨胀，群雄争霸，朝廷无力。唐宪宗元和时代，重新形成了短暂振兴局面，这也是唯一一位能控制藩镇的皇帝，再次构建了由中央统领的政治秩序。元和中兴也成为继开元盛世后，大唐王朝最后一次短暂辉煌。宪宗身后，朝廷局势一天不如一天，穆宗、敬宗毫无能力，醉生梦死。文宗时代，具体操办政务运行的朝臣，以李德裕、牛僧孺各自为首的政治集团党争不断，势同水火，"去河北贼易，去朝中朋党难"。宦官权重，杀二帝，立七君，势力凌驾皇权之上。导致皇帝也难以忍受，文宗试图利用"甘露之变"诛杀宦官，但是皇帝亲自发动政变向身边人夺权功败垂成，朝臣一扫而光，大唐也就踏上了不归路。

大唐功勋卓著的名人辈出，自不能逐一详细介绍，只好有所选择。狄仁杰，我们心目中的"神探"，实是辅周复唐大功臣，两次为相，为君分忧，为民解难。特别是劝说武则天迎回李显，又提拔张柬之等复唐主力人物。生前得到同时代人赞誉，死后获得了后世敬仰。郭子仪在战乱中显露英雄本色，平安史，击仆固，退回纥，是力挽狂澜的武将代表。长期位极人臣，生活在权力核心地带，谨慎经营，屹立不倒，"完名高节，福禄永终"，可谓文武双全，政治智慧超群。上官婉儿是唐朝著名女性代表，有着出色的文字能力，是可以撰拟诏敕的"巾帼宰相"，还可以参与军国权谋，但命运多舛，未有善终。近年来墓志出土，形成了一波婉儿话题。韩愈，千古文宗第一人。谏迎佛骨，显示了韩愈风骨。一代文化巨人，"匹夫而为百世师，一言而为天下法"，努力振兴儒学，文起八代之衰，推动"古文"运动，千年之后，仍然能够感受到他的影响。陆羽，唐代文人的代表，撰写了世界上第一部茶叶专著——《茶经》，号为"茶圣"，影响千年，成为古今中外吟咏不已、怀念不止的人物。

大唐创业垂统，建章立制。三省六部，成为中国古代官僚行政的典范。三省六部是决策机构，九寺五监是执行机构。虽然三省屡经变迁，但是所确立的中枢体制模式，却是千年如一。六部分科管理行政，其行政原理至今还在运行。九寺五监，今日"参公""事业"单位名目仍可见其遗意。唐代法律完善，律令格式体系齐备，是中华古典法系的杰出代表，对东亚影响可谓广泛。大唐生活，千姿百态。衣食住行，是维系每个大唐人生存的基本，婚丧学老，是每个大唐人成长所必有的经历。八件大事，又都和等级制度挂钩，是观察唐朝日常的最佳窗口。古都长安，是东亚中心，也是当时"世界"之都，是经济中心，是文化交流中心，是思想和学术的高地。巍巍长安，是盛唐气象直接承载体，长安风华引领着世界风潮，展示着盛唐文明所达到的高度。吐鲁番地处丝绸之路要地，是中外文明交汇融通之处。多元人口组成，多元文化集结地，是大唐开拓西域的关键节点，具有重要的军政和战略地位。凡此种种，理当书之。

以上，就是"唐朝往事"的总体设计。我们希望以明晰的框架，建设具有整体感的书系。既有主线，又可分立；有清晰流畅语言，有足够的事实信息，也有核心脉络可以掌握。提供给读者既不烧脑又不低俗的"讲史"，以学术为基础，但是又不是满满脚注的学究文。专业学者用相对轻松的笔调来记录和阐释，提供一点不一样的阅读感受。这个目标能否实现还很难说，但是我们正在向此努力。我们21人以一年时光，共同打造的20部小书，请读者诸君阅后评判！

感谢鲍丹琼（陕西师范大学）、侯晓晨（新疆大学）、靳小龙（厦门大学）、李航（洛阳师范学院）、李瑞华（西北大学）、李效杰（鲁东大学）、李永（福建师范大学）、刘喆（北京师范大学）、罗亮（中山大学）、雒晓辉（中国社会科学院古代史研究所）、孟献志（首都经济贸易大学）、孙宁（山西师范大学）、王培峰（山东师范大学）、许超雄（上海师范大学）、原康（淮北师范大学）、张春兰（河北大学）、张明（陕西师范大学）、赵龙（上海师范大学）、赵耀文（重庆大学）、朱成实（上海电机学院）等学界友朋（按姓名拼音为序）接受邀请，给予大力支持，参加"唐朝往事"的撰写工作，更要感谢他们能在一年多的时间内不停忍受我的絮叨和催促，谢谢大家！感谢辽宁人民出版社蔡伟先生及其所带领的编辑团队，是他们的耐心细致，才使得本书以这样优美的状态呈现出来。

现在，亲爱的读者，请您展卷领略"唐朝往事"，与我们一起走进大唐，思考大唐！

耿元骊

2024年3月26日于唐之汴州

目录

引　言

　　唐代制度气象恢宏，影响既深且远，其中又以官制和法制具有很高的研究价值。而唐代法制的精湛成就便浓缩在律令格式中，无论是传世典籍还是出土文献都浸润着这套法典体系的点点滴滴。

　　唐人在律令的编纂上曾尽情挥洒着自己的智慧，展示了对历史现实的敏锐捕捉。唐朝律令的编纂从来都由朝廷重臣和明法官吏主持参与，共同将这一工程延续了数百年之久，尤其给法制史烙上了永徽、开元的标识。他们利用秦汉以来法制建设的基础，构造了独有的大唐气度和温度，即便是经学上的神圣严肃、文学上的绚烂和汪洋恣肆，也难以遮挡唐代律令的缜密、畅达和无所不包。该特点正是唐代法制文化成功对外输出的一大保证。

区区30卷的《唐律疏议》折射出浓厚的刑法色彩，忠与孝、礼与法时时交错，浮泛于律文之间。而体量更大，横纵皆有所及的令促使唐王朝公私事务处理得更顺当。格既能规范着国家机构的运作，又能及时约束天下臣民的一言一行，但随着社会形势的变化，它的地位有点后来居上的意味。式貌似不大张扬，默默指导着政府部门的各项工作，但它并不是唐人的首创。可是，后面这三类法典未能完整地保存下来，这就给千年后的人们带来了复原上的任务。

我们从500条唐律和其他史籍中爬梳着那些关乎唐人立案、拘捕、侦讯与审判的诸多细节，当然缺少不了那个时代的株连与反坐。至于令人称叹的死刑覆奏制度、子为父复仇的争议，无一不窥最高统治者的光与影。唐代这些法律要求并没有停留在纸面上，敦煌吐鲁番文书处处彰显着唐朝西部边疆对它的奉守与遵用。

千年一瞬，今日的你我吟着唐诗，诵着唐文，观赏着以唐代为主题的影视剧，也许会冒出做一个唐人的想法。可不论是显赫的勋贵，还是普通的自耕农，其生老病死都将与唐代律令始终相逢。而唐代法制——中华古典法系的杰出代表，它能召唤出一套新的中华法系吗？

第一章

唐代法律的编撰历程

一、初唐时的承袭与更张

隋朝末年，群雄竞起，留守太原的李渊也不甘寂寞，迅速加入反隋的洪流，果断地逐鹿中原。在其起义之初，及时颁布了约束较为宽松的法令，苦于杨隋苛政的百姓竞相前来投奔。这一招促成了李唐的建国大业。待到李渊一路人马占领长安，便立法12条，其中死罪大大减少，只有杀人、劫盗、叛逆等行为才处以极刑。李渊在接受杨隋禅位，正式做了大唐皇帝后，下诏宰相刘文静与朝内的通识之士以开皇律令为基础，作了一些删改补订，而将隋炀帝大业时期的严刑峻法一律废除，就这样制定了最初的唐律。并且，编撰了53条格，以宽简为准，方便臣民遵守使用。没多久，唐高祖又敕令宰相裴寂、萧瑀带领大理卿崔善为，给事中王敬业，中书舍人刘林甫、颜师古、王孝远，泾州别驾靖延、太常丞丁孝乌以及隋朝旧臣等人，编撰属于自己时代的律令。《武德律》修撰的原则是"斟酌繁省，取合时宜，矫正差遗，务从体要"。武德七年（624）五月，裴寂等人奏上新律，唐高祖诏准行用天下。诏书捎带着批评了隋朝法制的弊端，说隋朝对于前代法律虽然有所改革，增减了条文，但错误还是很多。各种细节没有很好地斟酌，文字上缺乏锤炼和条理，使用者常常云里雾里。作为判案规则，它的模棱两可导致官员可以自行其是，常常有贪官污吏滥用谋私。而普通百姓动辄违法，无妄受祸。每次都说要改，但是一直没有实际动作。因此，大唐为了拯救前人过失，正本清源，垂范后世，于是召集专门人才立法。不过，当时统一天下的战事仍在紧锣密鼓进行之中，而在国家治理上还不够周全细密。因此，这部法律在内容上没有超出开皇律令的范围，仅将53条格并入《武德律》，其余未见改进。

唐太宗李世民即位后，令长孙无忌、房玄龄与饱学之士、明法家再度厘定律令。戴胄、魏徵二人认为旧律令的量刑标准过重，单单处以绞刑的罪名就有 50 条之多！于是将部分死罪减免为断其右趾（刖刑），触犯刑网而应死者多蒙全活。太宗不久又怜悯罪人受刑之苦，便跟侍臣说道："肉刑不行于前代好久了，我们现今忽然断人右趾，朕心不忍啊！"谏议大夫王珪对曰："肉刑在过去都是被当作轻罪对待，今日陛下以宽大为怀，已将众多死刑改为断趾之法，这些按律合死之人而有幸获全命，何况断其一足。这对于世人也有惩戒之用！"唐太宗继续表示，立法尚宽，但一听到断趾之法，仍旧难以释怀，又向萧瑀、陈叔达等臣工诉说衷肠："死者不可复生，虽然将死罪 50 条改为断右趾，但一感念罪人的痛苦，实在不忍这样做！"

看到唐太宗的满腹纠结，陈叔达等人劝慰道："肉刑在古代是不入死刑之列的，陛下于死刑之内，改为断趾，这是以生易死，其实是宽法了。"唐太宗说："朕的本意也是如此，所以想推行刖刑，但又有人上书言此不便，尔等慎重考虑考虑。"其后，担任蜀王法曹参军的裴弘献又辩驳不便于时的律令 40 多条，太宗就命他参与修订法典。裴弘献于是与宰相房玄龄等建议："刖刑属于古代五刑之一，后来肉刑废黜，而刖刑同死、流、杖、笞一道备足五刑之数。我们大唐复设刖刑，便使五刑之制增为六刑。减免死罪虽出于宽宏大量，但增加刑制反有苛酷之忧！"于是，就与八座议定上奏，削去断趾之法，改为加役流3000里，居作两年。经过这些审慎的反复推究讨论，贞观一朝便在制度上彻底终结了刖刑，巩固了新的五刑制度。

据前朝旧律，兄弟在分家别居之后，彼此之间荫不相及，但只要触犯刑律，则连坐都入死罪，祖孙一同配没。当时有同州人房强的弟弟任统军于岷州，以谋反伏诛，房强受到连坐。太宗在检查刑事工作时，怜其将死，为之动容，便对侍臣说："用刑之道应以事理轻重为依据，然后才施以具体的刑罚。怎么会有不核查案情而一概加以诛杀的罪行呢！这绝不是慎用刑罚、爱惜人命之举！一般情况下，反逆之罪有两种：一为兴师动众，一为恶言犯法。但这二者轻重有别，都要连坐受死的话，朕心难安！"又令百官仔细计议。于是房玄龄等人定议："从礼制、伦理上讲，祖孙之间亲情重而兄弟则较轻。若家人中因为谋反谋逆而受到牵连，应处以重刑的却断为流刑，应处以轻刑的却判了极刑，据礼论情，皆不合适！今日特定下标准：在谋反一事上，祖孙与兄弟连坐的话，一并罚没为官奴婢。如果其人以恶言犯法但不能实际为害的，并且情状轻微，则兄弟免死，处以流刑。"唐太宗认可了这个决议。

房玄龄等遂与法司定律 500 条，分为 12 卷；设立笞、杖、徒、流、死为五刑，其中又分为 20 等；并设置了八议、十恶、请减赎当诸法；至于删削繁冗法条、将重罪调整为轻者，比比皆是。《贞观律》的立法原则与基本内容影响了此后唐朝的法律纂修，千年之后的我们在《唐律疏议》里还能一窥其依稀模样。而贞观年间死刑减免的总数，当以唐代学者杜佑《通典》所记为准，即"减大辟入流九十二条，减入徒者七十一条"，合起来总数为 163 条，而不应是一直被误认的 92 条。唐人所说的"比古死刑"指的是与汉代相比，这 163 条死刑减免总数，大致占到汉武帝朝大辟之罪 409 条的一半。"比古死刑，殆除其半"一语肯定了贞观一朝立法活动所取得的成绩，且在一定程度上反映了唐初法治超越西汉时期的状况。

同时，这套班子不敢松懈，进而又制定《贞观令》1590 条，总计 30 卷，于贞观十一年（637）正月颁行天下。又删订武德、贞观以来的敕格 3000 余件，保留了 700 条，编为《贞观格》18 卷，留在尚书六部各司施行。总之，斟酌今古，除烦去弊，一以宽简便人为准。又以尚书省诸曹为之篇目，编成各曹常用的规章

制度 7 卷，但凡留在本司的，另纂为《留司格》1 卷。自房玄龄
等人完成《贞观格》之后，编录当时朝廷的各条制敕以作为施政
法则，便引为成例。而式这种法律形式也得到很大改进，唐人以
尚书省各司及秘书、太常、司农、光禄、太仆、太府、少府及
监门、宿卫、计帐名其篇目，总计 33 篇 20 卷。然而，有人认为
《贞观式》并不存在，只是我们在史料的理解上出现了偏差。唐
前期还编纂了《永徽式》14 卷，《垂拱式》《神龙式》《开元式》
各 20 卷，还删改了相应篇幅的格与令。

太宗又命在京见禁囚，刑部每月一上奏，但从立春至秋分，
不得奏决死刑。遇到大祭祀及致斋、朔望、上下弦、二十四气、
雨未晴、夜未明、断屠日月及假日等情况，也不得奏决死刑。朝
廷若有大赦，当天武库令设金鸡及鼓于宫城门外右侧，勒集囚徒
于阙前，击鼓千声后，乃宣诏而将其释放，赦书则用绢书写并颁
下诸州。至于系囚、讯囚之具，有枷、杻、锁、笞、杖等，皆
有长短广狭之制，量罪轻重，节级用之。同时，拷囚次数也有规
定，不可肆意妄为。

起初，唐太宗认为古人断狱不独专，必经多方讯问，于是乃
诏大辟之罪必须经过中书、门下五品以上及各部尚书等议之。其
后，河内人李好德患有风疾，精神错乱，乃至满口妖妄之言，太

宗下诏追查其事。时任大理寺丞张蕴古奏称此人疯疯癫癫，征状明显，于法不当处罚。治书侍御史权万纪却弹劾蕴古，理由貌似不太牵强：蕴古是相州人，而李好德之兄厚德是相州刺史，属于阿纵祖护，奏事不实。唐太宗一时怒火中烧，联想到张蕴古曾经违规与囚犯对弈，而今又乘机偏袒好德，实属欺君乱法，遂斩于长安东市。而交州都督卢祖尚也因为忤旨，触犯龙颜，被斩于朝堂之下。所以，这几件"果断"的处死之事都让唐太宗追悔不已。于是下制，凡是决以死刑的，虽令即杀，仍需三覆奏。他对侍臣说："人命至重，一死不可再生。当年王世充怒杀郑颋，既而后悔，追止不及。有官员贪赃数额并不大，朕却怒杀之，都是在气头上作出的决定，随之而生悔！向来判决死罪虽然三覆奏，可须臾之间，三奏便已结束，其间来不及深思熟虑，三奏也是无益啊！自今以后，应该二日内五覆奏，天下诸州三覆奏即可。古人在行刑当天，国君为之彻乐减膳。朕本来生活俭朴，宫内没有常设之乐，不知道从何而彻，只有在此日不饮酒食肉好了。今后在执行死刑之日，必须通知尚食局，勿进酒肉；内教坊及太常寺不得教习乐舞。并且，法司断狱皆以律文为准，可一些罪行情有可原而不敢枉法，若依法条定罪又担心冤屈难平。所以，自今门下省覆理死囚时，有据法合死而情可宽恕的，可以录状上奏。"

从此以后，得以生还的死囚不在少数。

唐太宗说的五覆奏，以执行死刑的前一日、二日覆奏，决日又三覆奏。但是，犯了恶逆之罪的，一覆奏足矣。按照《贞观政要》的说法，死囚的五覆奏自张蕴古始。唐太宗在杀了张蕴古之后，法官以出罪为戒，时有失入者，又不加罪，由此导致刑网颇密。他曾经就此问询大理卿刘德威："为什么近来刑网又变得稍密了？"刘德威对道："法条规定：失入减三等，失出减五等。今失入则无辜，失出则便获大罪，断案之人喜在法条上咬文嚼字，以求明哲保身。"唐律中的"出罪"是指把有罪判为无罪或重罪判为轻罪，而"入罪"则指把无罪判为有罪或轻罪判为重罪。太宗听后深以为然，便要求失于出入者以律文为准，断狱者渐渐公正平允。贞观十四年（640），又规定流刑分为三等，不限里程，根据罪行情况发配到生存环境恶劣的边远之州。其后律典约束宽松，而犯者渐稀。

唐太宗倡行的法律伦理能够贴近人性与社会现状，又时时与儒家伦理对标，而且以坚强的决心推行于天下。因此，在《武德律》《贞观律》的震慑与调控下，国家治理水平有所提高，并展现出良好的社会治安面貌：官吏多廉洁奉公、小心谨慎，王公外戚之家也不敢仗势欺人，大姓豪猾之人皆惧怕法度威严，不敢侵犯欺负老百姓；商旅行路在外很少遇到盗贼，监狱常常空无一人，马牛等家畜布满田野，门户不必上锁；曾到山东某一村落巡视，看到行客经过，当地必厚加供待，甚至离开时还有所赠送；二十年间，天下风俗简朴，衣不尚锦绣，财富丰饶，百姓没有饥寒之弊。以上种种，皆古昔以来所未有。太宗亲身感觉到社会治安情况的好转，曾慨叹："近来看到百姓渐知廉耻，官民奉守国法，盗贼日趋减少，故知人无常俗，但政治是有治乱的！"另外，被刑罚制裁，特别是被适用死刑的人数大幅度下降。可见，在律、礼的多方治理及引导下，奠定了"贞观之治"局面的基础。

唐高宗李治即位后，遵循贞观一朝的成法，在刑罚上也很审慎。永徽初，敕令太尉长孙无忌、司空李勣、左仆射于志宁、右仆射张行成、侍中高季辅、黄门侍郎宇文节与柳奭、右丞段宝玄、太常少卿令狐德棻、吏部侍郎高敬言、刑部侍郎刘燕客、给事中赵文恪、中书舍人李友益、少府丞张行实、大理寺丞元绍、太府丞王文端、刑部郎中贾敏行等受命，共同修撰律令格式，旧制不便于今的皆随之删改。永徽三年（652），下诏指出："由于律学缺乏合理稳定的注解，每年举行的明法科在考试内容上缺乏标准，需要广泛召集通晓律令之人注释，仍使中书、门下两省监定。"次年，长孙无忌领衔完成了《永徽律疏》30卷，高宗命令颁行天下。此后，大唐的法官在断狱时皆引律疏而分析案情。同时，并对格作了调整，将其分为两部：中央各部门机构常用的规章制度编为《留司格》，天下共同遵守者名为《散颁格》。《散颁格》下到州县，《留司格》则留本司行用。在《永徽律疏》所蕴含的法律伦理的共同作用之下，社会秩序继续保持着良好态势，国家也充满着向上发展的活力，故史称永徽之政有"贞观遗风"。李治曾问大理卿唐临在押囚犯的数量，临答道："在押囚犯50多人，只有2人合死。"唐高宗以囚数如此之少，怡然形于颜色。

　　永徽五年（654）五月，唐高宗对侍臣讲："狱讼繁多大多是因为刑罚的枉滥，而所谓刑是长期性的规定，一旦定为法律，短时间就无法过快地变更。在法治难以昌明的时代，法官多以苛刻为上，所以秦朝刑网繁密，获罪之人众多。但现在天下无事，四海升平，打算与各位爱卿共行宽仁之政。"长孙无忌对答道："陛下欲使刑法宽平，臣等庸愚，未能深刻领会圣意。断狱严苛由来已久，也不是我们今天才这样的啊！若官员严守国法，容易被讥讽为痴人；而在法条上曲解舞弊的，或称为循吏……其实，只要陛下喜怒不妄加于人，一律以法条为准，刑罚也就自然适中。"高宗对此表示认可。永徽六年（655）七月，高宗又和侍臣论道："律典里用来类推、比附的条例有点多啊！"宰相于志宁等回答："前朝旧律一般用比附来断案，确有不解之处，何况科条极繁，甚至多达3000。隋朝将事类相似的便删繁就简，可仍然留用500条。今日我们整理停用的条例，即是参考隋律而修改的。条章一少，断案中的疑虑也就少了，这样一来颇便于时。"

龙朔二年（662），由于更改官名，所以朝廷敕令司刑太常伯源直心、少常伯李敬玄、司刑大夫李文礼等人重新纂修格、式，只改了各部门机构之名，而篇章次第保持原貌，于麟德二年（665）完成上奏。到了仪凤年间，各类官号又改回原来的样子。又敕左仆射刘仁轨，右仆射戴至德，侍中张文瓘，中书令李敬玄，右庶子郝处俊，黄门侍郎来恒，左庶子高智周，右庶子李义琰，吏部侍郎裴行俭、马载，兵部侍郎萧德昭、裴炎，工部侍郎李义琛，刑部侍郎张楚，金部郎中卢律师等人一起删改格与式，于仪凤二年（677）二月九日上奏朝廷。此前，详刑少卿赵仁本编撰了《法例》3卷，用来辅助断案，时议认为此举折中平允。但高宗过目之后，以为繁文不便，因此便下指示："律、令、格、式四者乃天下通规，不是朕等所能创制，而是武德、贞观以来，或取自先帝的圣明，或参考百官集议，才得以条章备举，规范昭然，遇事遵而行之，难以穷尽。我等没有必要更撰法例，致使疑绪纷杂。事出因循，已不便于今日，务必迅速更改，不得照旧！"自是，《法例》遂废而不用。

其后，武则天临朝。为了笼络朝野，大收人望，便于垂拱初年下令，熔铜铸匦，四面置门，各依四方之色，共为一室。东面名曰延恩匦，献赋、颂及欲求官爵者封表投之；南面曰招谏匦，凡言时政得失及直言谏诤者投之；西面曰申冤匦，有得罪蒙冤之人投之；北面曰通玄匦，有能言玄象灾变及军谋秘策者投之。这四匦每日置于朝堂，以接收天下表疏。但是，这一举措推行之后，有些不法之徒甚至借机攻讦他人阴私，诽谤朝政。武后乃令朝官一人专门监管所投之状，事先浏览审核之后，才许进封上奏。

她又命令内史裴居道、夏官尚书岑长倩、凤阁侍郎韦方质与删定官袁智弘等10多人，删改格式，再加上计帐及勾帐式，与此前旧式一并编为20卷。又将武德以来、垂拱之前便于时用的诏敕，编为《新格》2卷，武则天亲自撰序。在这两卷之外，另编为6卷，可以行用于所在部门，名曰《垂拱留司格》。当时，有精于法理的韦方质、办事妥当干练的咸阳尉王守慎也参与立法工作，所以《垂拱格》《垂拱式》有详密之誉。但律令只改动了数十条，其中又有不便之处，只好大抵依旧行用。这是武周时期的法律修纂概况。

　　然而，事情的发展超过了武则天的预判，所以她便祭出严刑峻法以掌控局面。适逢徐敬业发动了讨武之乱，及豫、博等地兵起之后，因担忧各地人心动摇，遂肆展淫威，擢用酷吏，舞文弄法，捏造刑案，以震慑天下。长寿年间，有人奏称岭南流人阴谋叛逆，乃派遣司刑评事万国俊摄监察御史前去查验，若查明反状，一律斩决。万国俊领命到了广州后，即刻传唤所有流人，拥之于水滨，以次加戮，300 余人一时全部化为冤魂。而有人坦然捏造他们谋反的罪状，进而诬奏："各地流放的官员百姓中，多有怨气，若不及时推问审讯，发生事变的可能性很大哟！"武则天深以为然，又命摄监察御史刘光业、王德寿、鲍思恭、王处贞、屈贞筠等，分头前往剑南、黔中、安南、岭南等六道，按鞠流人，肆行杀戮。刘光业诛杀 900 人，王德寿诛杀 700 人，其余少者也不减数百人，尚有杂犯及早年被流放的官民，也不幸罹难。而周兴、来俊臣等酷吏相次受命推究大狱，并于都城丽景门内别置推事使院，时人称作"新开狱"。来俊臣又与侍御史侯思止、王弘义、郭弘霸、李敬仁，评事康暐、卫遂忠等，召集告事者数百人，罗织罪名以陷害忠良，前后枉遭杀害者，难以计数。

又阴毒地编了一卷《告密罗织经》，其意旨皆网罗前人，编织反状。俊臣每讯问囚犯，不论轻重，多用醋灌鼻。要不将犯人囚禁在地牢中，或盛在大瓮中，四周以火炙烤；要不断绝囚粮，至有吃衣絮以求活命的。其所作大枷，凡有十号：一曰定百脉，二曰喘不得，三曰突地吼，四曰著即承，五曰失魂胆，六曰实同反，七曰反是实，八曰死猪愁，九曰求即死，十曰求破家。又令囚禁之处粪溺遍地，无法寝居，备诸苦毒。每当朝廷有制书赦免囚徒，来俊臣必然先遣狱卒将所谓重罪之人杀光殆尽，然后再宣布朝廷的赦令。

是时海内畏惧不已，人们道路以目。麟台正字陈子昂上书直言："刑杀一事并不是圣王贤君所倚重的治国之道！要想惠及黎民百姓，追求太平盛世的局面，通过专任刑杀这种途径，可以说是严重失策……最近这些年以来，各方告密成风，因此被囚禁的嫌犯成千上万。凡是被告密之人都会牵涉到扬州之乱，但拷讯这些嫌犯后，却发现与此无关！陛下以仁恕为本，又大度宽容这些告密之徒，即使他们告发了普通事情，也命令法司严加推问。这便导致奸臣之党，一味地仇视贤良，睚眦必报，动不动就告密。若一人不幸被告，则势必牵涉百人，狱舍为之而满，奉使拘捕不绝于途，真可谓冠盖如市！"陈子昂还斗胆援引隋朝枉法滥杀乃至国亡身灭的严重后果以劝谏、恳请武则天能即刻废黜严刑酷法。可是庙堂高远，言路曲折，久久没有回音。

　　彼时，尚有清流之一的司刑少卿徐有功经常驳回酷吏所奏，每日与之廷争得失，以雪冤滥，因此得救者不在少数。及来俊臣、王弘义等伏诛，刑狱才得以喘口气。前后宰相王及善、姚元崇、朱敬则等都直言垂拱年间以来身死家破之人，皆属枉滥，武则天也有所觉察。于是，监察御史魏靖上书斥责周兴、来俊臣、丘神勣、万国俊、王弘义、侯思止、郭弘霸、李敬仁、彭先觉、王德寿、张知默等一干酷吏乃"尧年四凶"，不得其死，进而要求朝廷遣人验覆来俊臣等所推大狱，还天下以清白。这一请求得到了最高统治者的回应，下令复核来俊臣、丘神勣等人所经手的刑案，要求三司重新审理，凡有冤屈之人皆予以昭雪。唐中宗神龙元年（705），因徐有功执法平恕，追赠越州都督，特授一子官。又以丘神勣、来子珣、万国俊、周兴、来俊臣、鱼承晔、王景昭、索元礼、傅游艺、王弘义、张知默、裴籍、焦仁宣、侯思止、郭弘霸、李敬仁、皇甫文备、陈嘉言、刘光业、王德寿、王处贞、屈贞筠、鲍思恭23人，从垂拱时期以来枉滥杀人，罪行昭彰，所有官爵并令追夺。朝廷这一追责之举令天下人无不额手称庆。

　　自武则天退位之后，中宗、睿宗时期积极开展了一些礼法制定活动。这兄弟二人的执政时间比较短暂，带有一定的过渡性，但所颁布的制敕法令在整体方向上体现了力图恢复唐制及李氏政治影响力的特征。中宗即位之初，通过对社稷、宗庙、陵寝、郊祀、旗帜、服色、天地日月等字、台阁、官名等一系列制度作了不少改订，尽以贞观、永徽之制为凭准，努力恢复高宗时的政治面貌，重新塑造唐朝的面子与里子。睿宗即位后，对中宗朝延续下来的女主干政以及武氏残存势力予以进一步清除，并且要从根本上结束武周的政治余焰。这在法典编撰上也有所体现，敕命中书令韦安石、礼部侍郎祝钦明、尚书右丞苏瓌、兵部郎中狄光嗣等人，共同删定《垂拱格》颁布后至神龙元年（705）以来的制敕，编为《散颁格》7 卷。又删补旧式，定为 20 卷，颁于天下。景云初年，睿宗又敕户部尚书岑羲、中书侍郎陆象先、右散骑常侍徐坚、右司郎中唐绍、刑部员外郎邵知与、删定官大理寺丞陈义海、右卫长史张处斌、大理评事张名播、左卫率府仓曹参军罗思贞、刑部主事阎义颛凡 10 人，删定律、令、格、式，并于太极元年（712）二月奏上《太极格》。但无论是中宗、睿宗时期的政令礼法，抑或是《神龙格》《太极格》，我们都不难从其制作背景和内容上发现那个时代独有的焦虑和犹豫。

自武德起，虽然受到了宫廷政变、武周擅权等因素的影响，但一直没有中断法律方面的讨论、修撰与调适。唐代凡有法律效力的律令格式，在其制定之后，都要由当朝皇帝专门发布诏书以颁行。这一程序是古典法律生效必不可少的步骤，皇帝下诏颁行大致包含了两层含义：一是律令内容通过了最高统治者的审核和批准，二是用皇帝之名告知天下以切实执行。所以，在唐代发挥了实际作用的律令格式都会经历这一程序。

二、开天之际的律礼盛筵

在一段动荡的历史时期后，时代召唤了三郎李隆基，其40多年的统治给后人留下了评说不尽的风流。其中，唐玄宗创设了体系完备的开元律令，打破了李隆基固有的文艺圣手的形象。同时，还实现了战国以来儒家努力追求的、以西周礼制为理想的政治架构，其中就包括官制和礼制的法典化成果——《唐六典》和《大唐开元礼》，而开元律令及礼典的形成再塑了中华传统政治文化下的礼、法特色。

开元初，唐玄宗敕黄门监卢怀慎、紫微侍郎兼刑部尚书李乂、紫微侍郎苏颋、紫微舍人吕延祚、给事中魏奉古、大理评事高智静、同州韩城县丞侯郢瓘、瀛州司法参军阎义颛等，删定格、式、令，至开元三年（715）三月奏上，名为《开元格》。开元六年（718），玄宗又敕吏部侍郎兼侍中宋璟，中书侍郎苏颋，尚书左丞卢从愿，吏部侍郎裴漼、慕容珣，户部侍郎杨滔，中书舍人刘令植，大理司直高智静，幽州司功参军侯郢瓘等9人，删定律、令、格、式，至开元七年（719）三月奏上。律、令、式仍用旧名，但格谓之曰《开元后格》。开元十九年（731），侍中裴光庭、中书令萧嵩等，以格后制敕行用之后，常与此前格文相违，于事非便，奏请相关机构改撰《格后长行敕》6卷，颁于天下。开元二十二年（734），户部尚书李林甫又受诏修改格令。李林甫后来迁为中书令，乃与侍中牛仙客、御史中丞王敬从，与明法之官前左武卫胄曹参军崔见、卫州司户参军直中书陈承信、酸枣尉直刑部俞元杞等，共同协作，删改旧的格、式、律、令及敕，总计7026条。其中，1324条缺乏一定的重要性，一并删之；2180条则随文损益，3594条仍旧不改。本次一共撰成律12卷，《律疏》30卷，《令》30卷，《式》20卷，《开元新格》10卷。又撰《格式律令事类》40卷，以类相从，便于省览。开元二十五年（737）九月奏上，命令尚书都省缮写50本，派遣使者散于天下。其年刑部断狱，天下死罪仅有58人！大理少卿徐峤上言："大理寺所辖狱舍、囚院，历来相传杀气太盛，鸟雀不栖，今日乃有鹊在庭树上筑巢。"于是百僚以几至刑措，纷纷上表陈贺。玄宗以宰相辅佐、法官平允之功，加封牛仙客为邠国公，李林甫为晋国公，刑部、大理寺诸官赐帛 2000 匹。

唐玄宗开元时期的立法活动超过此前历代政权，同时也不逊于后世类似情况。有唐一代近 300 年的历史进程中，总共修订了 30 多部较有规模的法典，而开元 20 多年的时间中就有七八部之多。开元后期这次法律纂修的规模和程度，可谓盛况空前，在当朝宰相的领导主持之下，从中央到地方选用行政经验较为丰富的官员为班子成员。李林甫于开元二十五年（737）上奏："今年五月三十日以前的诏敕未列入新格、式者，则不可行用。"朝廷采纳了这一建议，开元律令便成为在全国范围内被彻底推行的唯一法律标准。而且，修订后的律令条文表现出规范而系统、简约而实用的优点。对于李林甫主持的立法活动，《剑桥中国隋唐史》认为："这次修订法律是唐代最后一次试图提供包括在令和式中的标准化的、全国一致的行政法规活动。"因此，开元盛世不单单是政治清明、经济繁荣，还有坚固而有效的律令体制作保证。

礼、律之间相辅相成，共同作为国家治理的工具，突显了唐朝法制社会的多面性。开元十年（722），玄宗令兵部尚书同中书门下三品张说主持《唐六典》的编纂。经过历史经验的积累沉淀，唐代的尚书六部无论其职掌权限，还是组织结构，都彰显着国家行政管理的成熟。具体地说，《唐六典》不仅是开元之制的结晶，还表明其继承了西周礼乐的正统。"六典"一词出自《周礼·天官》：太宰掌管着建设国家的六典，辅佐天子治理天下。这六典分别叫作治典、教典、礼典、政典、刑典及事典，主要围绕邦国稳定繁荣、百官秉公守职、民众富足和谐等方面施政。而唐人将这六典与自己的行政管理、朝廷机构紧密联系起来，尤其《唐六典》在介绍尚书省时说：尚书令负责总领百官，其部属有六位尚书，效仿周代的六卿：一曰吏部，二曰户部，三曰礼部，四曰兵部，五曰刑部，六曰工部，凡天下政务皆由这六部处理。《唐六典》的编纂与施行是古代中国行政管理史上的一件大事，标志着汉晋时期的九卿之制进入了隋唐的尚书六部时期，这是政治制度设计上的一个重要转向。

法学界对《唐六典》的性质多有争议，一般认为它是一部典型的行政法典。作为行政法典的典型性在于，《唐六典》基本上涉及了唐朝自玄宗以后国家权力的总体分配格局及其相互关系，其关于国家权力体系的规制是以行政权为核心而展开的，目的是加强中央集权，提高政府行政效能。《唐六典》虽然节选了一部分刑事条文，但这些内容与《唐律疏议》等专门的刑事立法相比微不足道。《唐六典》的体系与基本内容主要涉及两方面：一是国家的行政组织，它规定了唐朝政府各部门的机构设置、官员编制、职掌权限以及政府各部门之间的关系；二是国家官吏任用制度，它规定了政府对各级官吏的选拔、任用、考核、奖惩、俸禄和退休制度。因此，将其归入行政法之中是顺理成章的，况且这些刑事条文同样是以行政体制为背景来制定的。

《唐六典》用 30 卷的篇幅展示了一个庞大的职权系统，官僚机构的类型多达数百种，官阶从一品到九品，而每阶之中又有正、从之分，一些正职和从职又有上、中、下位之分。《唐六典》不同于常见的正史职官志，它的编撰是由皇帝交给一个叫集贤殿书院的机构完成的，这并不是一个与法司有紧密关联的部门。在《唐六典》中，集贤院的职权是校理古今经籍，在图书与贤才的搜访、谋略与著述的进奏及承旨撰写词章等方面，以备皇帝垂询时顾问应对。诚如韦述所说，《唐六典》的结构是"以令式入六司"，仿照《周礼》中的六官之制，并将各个职官的沿革放到注文中。但是，《唐六典》的地位与性质，绝非一部普通的现行"职官志"所能媲美。这样的官制体系实质上是以行政控制为轴心而展开的。追本溯源，《唐六典》的产生和编撰正是伴随着国家行政权力的扩大、中央集权的强化和国家立法的加强而出现的。

为了打通《周礼》与《唐六典》的精神谱系，编撰班子努力将有关国家机关组织编制的令、式填塞到官制的框架中去。从立法技术看，这种做法以国家机关与职官为纲目，只能编出以职官为中心，而不是以法规为中心的文献。唐代的令和式是《唐六典》内容的主要来源，所谓"以令、式分入六司"，即以唐代在行的令、式有选择地、有目的地分别归类到国家的六类职官中去。因而，《唐六典》30卷所列之国家机构及官员职责，实际上是唐朝27种令文及33篇式中已经规定过的。要说《唐六典》具有某种法律效力的话，乃是由于其中抄录、保存了唐代当时行用的令、式。今天，我们研究唐代制度往往依赖《唐六典》的记载，主要因为规定唐代制度的法典——令、式早已散佚，才不得不在《唐六典》里刨根问底。

《大唐开元礼》始撰于开元十四年（726），成书于开元二十年（732），历时达6年之久。参与编撰的人员有张说、萧嵩、王仲丘、徐坚、李锐、施敬本、贾登、张煊、陆善经、洪孝昌等人。它是古代礼制的集大成者，上承先秦汉魏，下启赵宋，在全面综合、总结、吸收前朝礼制基础上而成的一部礼典。作为对吉、嘉、宾、军、凶五礼的一种规范，它属于制度层面的礼，但并不是一时之制。纵观《大唐开元礼》所记载的五礼，大致可分为三个方面：一是常礼，指的是自先秦以来长期遵守不变的礼；二是变礼，指的是内容有所变化的礼；三是新礼，指的是因时代需要而新增加的礼。《大唐开元礼》在当时礼官心目中具有崇高的地位，甚至认为是后来者理应效仿的权威性文本。开元七年（719）八月，玄宗也下诏指明：只有周公的制礼作乐才是历代不可改动的榜样。德宗贞元元年（785）十一月，太常博士柳冕表示，开元年间所制定的《大唐开元礼》是一部永恒的典籍，凡朝章国法应以《大唐开元礼》为准。出任过宰相的杜佑曾经称赞："哎呀！我们的法律经过多年的不断调整，条理变得更加清晰，执行效力更加提升，真是兴盛无比！"

　　《大唐开元礼》撰成后，唐人对其研读的热情一直很高，陆续作了一些注疏、解说。唐德宗在位之际将《大唐开元礼》立为官学，并列为开科取士的项目之一。据《唐会要》记载，贞元二年（786）六月十一日敕：在前来参加贡举的士子中，有能够熟习《大唐开元礼》的，可以等于通一部儒经来选拔；7年之后的贞元九年（793）五月二十日又下敕：在考核研习《大唐开元礼》的人时，要考问大义100条，并撰写策论3道，全部通过者为上等；大义通 80 条以上、策论写完 2 道以上的，列为次等。其余的情况都以研习儒经"三礼"的标准来考核。唐代中叶的一位官员吕温在《代郑相公请删定施行〈六典〉〈开元礼〉状》中说：30卷的《唐六典》是为了昌明官制而作，150 卷的《开元新礼》乃为了宣扬教化、整齐礼仪而作，这两部都是百世通用的规范。但由于各种原因，没有切实地施行。现在请求朝廷挑选学术精深、识见高超的官员于集贤院略加删改，求同存异，然后奏报给皇帝，待批准后颁到各个中央部门，以此为准，不论公家私人、贵贱凡品都能遵守。所以，唐后期对开元制度认真省视并有所追随。因此，史官不吝赞誉之辞，认为开元时期的政治成就很高，唐玄宗宵衣旰食、励精图治，几十年间号为盛世。

任何盛世局面都有终结之日。安史之乱爆发后，唐朝政治格局为之一变，唐玄宗远幸巴蜀，太子李亨即位于灵武，俟后收复京师，开始整饬朝政。两京官员没来得及逃走的多被胁迫，至是相率待罪阙下，听候处分。而执权柄之人欲以严刑峻法取威，尽诛其族，以此震慑天下。但是，拖了许久不能议定，只好设置三司使，以御史大夫兼京兆尹李岘、兵部侍郎吕谭、户部侍郎兼御史中丞崔器、刑部侍郎兼御史中丞韩择木、大理卿严向等 5 人为之。当初，长安文武官员陆大钧等自陷贼之后来归，崔器起草仪制，责令这些有污点的官员全部免冠脱靴，顿足捶胸，号啕啼泣，并命令法司狱卒将他们团团包围起来，当朝谢罪，然后收押于大理寺、京兆府等管辖的监狱中。及陈希烈等大臣数百人又被拘禁，押至朝堂，依然责其免冠赤足，并令宰相苗晋卿、崔圆、李麟等百官一同观看，借机羞辱，宣诏切责之。朝廷以待罪官员人数不少，乃至超过了监狱的容量，只好以杨国忠宅作为收系、讯问之所。

崔器、吕谭逢迎朝廷旨意，而韩择木无所适从，只有李岘一人力争，便将所推之罪分为 6 等，召集百官于尚书省议之。由于肃宗刚上台，方用刑名重典，公卿诸辈不敢违抗，只好唯唯诺诺、署名画押而已。于是，河南尹达奚珣等 39 人被推为重罪，当处以极刑。珣等 11 人于子城西伏诛，陈希烈、张垍、郭纳、独孤朗等 7 人于大理寺狱赐自尽，达奚挚、张岯、李有孚、刘子英、冉大华等 21 人则于京兆府门口以重杖处死。大理卿张均被引至独柳树下的刑场，免死而配流合浦郡，而达奚珣、韦恒乃至腰斩。先是，安庆绪领兵攻占相州，史思明、高秀岩等人皆送款请命，肃宗各令复位，领其所管，至是惧不自安，各率其党羽再叛。同时，三司使持续用刑，连年不定，百官流贬相继于路。及王玙出任宰相，向来知悉朝野对三司使的强烈意见，奏请皇帝下诏：自今以后，三司推勘而未结案者，一切放免。这一做法得到了官员、士人的大力支持。后来，萧华拔魏州归顺唐朝，曾在朝堂上放言："当初，河北藩镇的官吏、军人听说朝廷宣诏赦免陈希烈等被胁从的官员，一切都不追究，并各令其官复原职，人人后悔归顺朝廷之迟！可是，而后听到陈希烈等都伏法处死，又都共相庆贺，无人再敢归顺！自此，河北将吏人人坚守，大兵不解！"这正是朝廷假权于酷吏的不良后果。

其后，仍有毛若虚、敬羽之流，皆深酷割剥，骤求权柄，杀人以滥威逞刑，厚敛以奉上肥国。六七年间，大狱相继，州县之内多是贬降之人。肃宗听说三司用刑多滥，便有愧意："朕为三司所误，深恨不已！"及其弥留之际，乃以元载为相，诏准天下流放之人统统放归原籍。毕竟肃宗上台仓皇，在位短暂，又遭逢内忧外患，急于求治，但破坏了正常的法治秩序。

三、唐后期的续补与改创

立法是人对人的一种活动，通过这一活动把一套与时俱进的社会规范制定出来。在制定过程中，需要把法律与当时通行的伦理道德紧密地结合起来。所以，立法者的素质对于法律制定十分重要，其中包括法律与伦理的素质。他们的法律和伦理素质越高，就越利于在法条中较为充分地体现法律伦理；反之，制定出来的法条缺乏逻辑与效力。由于唐后期政治开启了新的进程和特点，国家法治面临着严重的发展困境，但法典修撰工作没有停辍。

大历十四年（779）六月一日，新君唐德宗驾临丹凤楼大赦天下，赦书里说："律、令、格、式条目有未折中得当者，委派中书门下简选理识通明的官员共同删定。自至德时期以来的制敕，或因人奏请，或临事颁行，前后矛盾不一，使人滋生疑惑，特令中书门下与删定官合议，择取能够长久行用者，编入格条。"至于三司使一职，本来以御史中丞、中书舍人、给事中各一人为之，每日于朝堂受理词状，推勘处分。建中二年（781），朝廷罢去删定格令使及三司使。先前，以中书门下充删定格令使，又以给事中、中书舍人、御史中丞为三司使，而中书门下奏请恢复原来的标准：以刑部、御史台、大理寺组成三司，其格、令由刑部负责删定。

世称"小太宗"的唐宪宗在法制建设方面也取得一定成绩。元和二年（807），唐宪宗下制要求律学生皆习学律、令、格、式及法例，定期考绩、淘汰。白居易认为，革除刑法弊端，规范法吏的断案行为，关键在于朝廷能否选拔出贤能的司法人才。唐初和中唐时刑法相同，但治理效果差异的主要原因在于，官吏未切实依法办事，不能总归咎于刑法过时。一方面，由于朝廷轻视明法科，不重视法律官员的选拔，致使人才数量减少，不足敷用。另一方面，国家律令被束之高阁，执法者不熟读法律条文，仅仅询问负责拣选法条的"法直官"，那国法就容易被一些小人操纵，进而造成执法中种种不公平的现象。元和三年（808），皇甫湜又提出了具有代表性的意见，在《对贤良方正能直言极谏策》中指出州县断案中的疑惑，如某些州县的断狱，每月都有不少案子，年年如此，却并未听说有哪一件疑案需要上报朝廷裁决的，也没有听到有一个被冤枉的人上诉，难道天下所有的长吏都做到了像皋陶一样公正清明？事实上并非如此，国家律令虽然一一具备而地方官府非但不能知法守法，还恶意曲解法条，甚至草菅人命，以擅杀为常。

为了避免滋生奸佞，元和四年（809）九月对法司办案的期限作了重申：刑部、大理寺决断系囚，不可过为迟滞。自今以后，大理寺断案不得超过20日，刑部复核不得超过10日。如果刑部的按覆有异同，大理寺重审不得过15日，省司量覆不得超过本日。若需要牒请外州府协助或于京城内勘验的话，本司即日报准。官牒到后便开始计日数，被勘之司报回处置意见不得超过5日。刑部应将派出的牒文及报回具体时间，呈请尚书都省等部门长官知悉，可据此审计、纠察官员渎职与否。

元和六年（811）九月，富平县人梁悦为父报仇而杀仇人秦果，然后投县请罪。复仇一事若据礼经则义不同天，若依法令则杀人者必偿命。礼与法两者皆是王道政治的发端，既然有了异同，必须通过论辩来明晰，宜令尚书都省召集百官集议闻奏。在刑部担任职方员外郎的韩愈对这件子复父仇的案子发表了看法，他认为"子复父仇"一事屡见于《春秋》《礼记》《周礼》及子史，不可胜数，但批评其非而且定罪的情况则寡有。这事在法典中没有相应的条款，并不是阙失之故，在禁与不禁、孝道与刑律之间，存在着复杂的背景，法司很难做出公允的决定。因此，针对这种复仇情况，杀还是赦，不可遽定，必须经过朝臣的集体讨论，然后根据实际案情，拿出一个儒经、律令都契合的意见。经过多方商讨之后，朝廷便下敕："复仇杀人本来也被前贤礼制所允许，梁悦其人为父报仇，申冤请罪，视死如归，案发后能及时自首，品节不亏，可特许减死赎命，将他杖刑一百，并配流循州。"

元和十三年（818）八月，凤翔节度使郑余庆等人奉命详定《格后敕》30卷，右司郎中崔郾等6人完成后上奏。同年，朝廷又令刑部侍郎许孟容、蒋乂等删订，重新纂成30卷，并经刑部侍郎刘伯刍等人考定，一如其旧。唐后期由于宦官势力染指司法，内侍省一度成为重要的鞫狱机关，有时便会出现内侍省狱与其他司法机关之间进行狱囚的移禁。元和八年（813），王再荣告发司空于頔以钱财贿赂梁正言，以谋出镇地方，先是收孔目官沈璧及家童10多人于"内侍狱"鞫问，之后沈璧、王再荣被从内侍省所设监狱放出，另由专门的法司审理。

唐穆宗时期仍就法司断狱的时限作了规定。长庆元年（821）五月，御史中丞牛僧孺奏称：天下刑狱困于淹滞稽留，应立程限。大型案件：大理寺限35日内详断毕，然后申刑部，限30日内闻奏；中等案件：大理寺30日，刑部25日；小案件：大理寺25日，刑部20日。那么，一状所犯10人以上或所断罪20件以上，属于大型案件；所犯6人以上，所断罪10件以上，则为中等案件；至于所犯5人以下，所断罪10件以下，则入小案件。要是罪状相抵及结案定罪相同者，虽然涉及人数很多，也与一人犯罪相当，违者按罪责轻重惩处。

而长庆二年（822）四月又发生了一起子复父仇的案件，据刑部员外郎孙革奏：京兆府云阳县人张莅欠羽林骑康宪的钱米，康宪之前去讨债，而张莅趁醉与其扭打，眼看就要将康宪掐死。这时 14 岁的少年康买得为救其父，用木锸击中了张莅的头部，出血严重，三日后丧命。依律当处以严刑，但因童子至孝，只得奏请朝廷裁决。经朝臣集议后，专门发布了敕令：康买得虽然还是个小孩子，但能知悉为子之道，在危急时刻挽救其父。依法则杀人者当死，而其父又有失子之痛。因此，考虑到情况特殊，一以仁恕之道为本，又不废国法，可减死罪一等来处罚。

文宗大和七年（833）十二月，刑部奏称，前大理寺丞谢登此前奉敕编纂的《新编格后敕》已经完成。根据谢登奏表，将那些事出一时、缺乏长久效力的诏敕删除；而那些前后矛盾不一或书写错误的敕令予以更正，使其整齐划一；然后删繁取要，分门别类，编为 50 卷，上奏申请施行，朝廷予以批准。大和八年（834）四月诏，应犯轻罪之人，除了情节严重、法所难原者，其他过误罪愆及公务过程中的一般违犯，不得鞭背，以遵从太宗时的制度。可不久，京兆尹韦长却奏称："京师地方广袤、人烟稠密，奸猾土豪盘踞于此。如果为了治安，天天加以惩罚也不能穷尽；一旦宽松对待，又难以禁止其违犯。若恭守朝廷的敕旨，则无法肃清；要是遇到案情就刑讯，又与诏令相违背。因此，请依据案情的轻重来处置。"朝廷也无法解开这个死结，只好又回到之前的执法标准。

开成四年（839），《刑法格》10卷完成了编写，朝廷敕令施行。其实，唐后期的军事长官往往侵夺地方州县的司法权，以军狱自行关押刑事犯；诸道盐铁、户部、度支诸史也经常越权，自立法庭，擅设牢狱，随意拘禁乃至长期关押。自大和五年（831）至大和八年（834），不到3年的时间里，文宗便两次下敕禁止这种非法拘禁，由此可见当时的违法拘禁现象十分普遍。随着中央集权的削弱，唐后期的司法进一步走向无序状态，不整肃刑法制度已难以维持正常的统治秩序。因此，文宗对眼前的政治危机有比较清醒的认识，他认识到恢复司法制度的有序性关键在于以法治吏，必须禁止司法官员或因舞文弄法，或因主观武断而作出不公正甚至黑白颠倒的判决。

唐武宗会昌元年（841）九月，库部郎中、知制诰纥干泉等称，可准刑部所奏，如果犯了赃罪的五品以上官员，应处以死刑的，则按照狱官令赐死于家，朝廷便批准了该建议。宣宗大中五年（851）四月，精于法律的刑部侍郎刘瑑等人奉敕纂修《大中刑法总要格后敕》60卷。这部法典选用了贞观二年（628）六月二十日至大中五年（851）四月十三日间，总计224年的杂敕，分为 646 门，合计 2165 条，议其轻重，制定成一部新的法典。大中七年（853）五月，左卫率仓曹参军张戣奏进《大中刑法统类》12 卷，敕刑部详定奏行之。它影响了后世法典的编纂形式，但它不过是在"刑律分类为门"的基础上，附以相关的令、格、式及敕而成，而且所附的令、格、式及敕并不全面。显然，这只是编撰方法上的一点创新，并不能替代原有的法律。因此，也有人认为，所谓的"刑律统类"并不是唐代律令格式原来法律体系的一部分。

值得深思的是，唐后期没有修订过律、令、式，格的整理与修订也很少见，主要是编撰格后敕和刑律统类。尽管格后敕与格都是编录当时朝廷颁布的制敕而成，但两者之间差别较大，编入格的制敕是"取堪久长行用者"并给以改写加工。可以说，格是依据制敕拟定的法律文件，而格后敕只是制敕的编集。格后敕仅仅将多年累积的制敕分门别类，删去那些前后矛盾及案例重出有误的部分，再加以条流编次，但不能对制敕做出内容上的改动和增删。从唐代立法活动的发展变化来看，中唐以后的格后敕变成唐代法律体系的一个重要组成。格后敕不同于格，它是在不修订格的前提下对制敕的编集，属于与格并行的独立法典。至于刑律统类，不过是将刑律分门别类与格后敕编集在一起。因而，格后敕和刑律统类这两类法典的实质都是皇帝制敕的编集。

与唐前期相比，敕的地位在唐后期日益重要。敕不仅跻身正式法典，与律、令、格、式并行，而且所拥有的法律效力和适用范围都远远超出律、令、格、式。虽然此时的律、令、格、式仍有正式法典的名分，并未废除，但凡事都要以制敕为先：制敕没有具体规定的话，方依律令格式；制敕作出规定的，则以制敕为准，而律令格式的相当部分便"退居二线"了。长庆三年（823）十二月二十三日曾下令以御史台所奏为准：自今以后，刑部、大理寺在办案时援引法律条文，必须以最新颁布的制敕为标准。这个规定表明敕可以代替律、令、格、式，也可以与律、令、格、式参而用之。因此，敕已成为唐后期皇帝最高立法权威的集中体现。

导致这一法典构成形式变化的原因要从长时段来探析。律、令、格、式多定于唐初，所谓"高祖、太宗之制"，基本上是唐初政治的产物。随着社会生产的逐步发展、阶级阶层关系的变动，早在高宗、武后之际，律、令、格、式的内容就有一部分不能适应时代需要，因此从永徽年间到开元年间才不断地进行修改和重定。安史之乱以后，政治经济情形大变，不但均田制、租庸调制、府兵制等早已崩解了，宦官擅权和藩镇割据又严重破坏了中央集权的统治秩序。律、令、格、式失去了它所规定和保护的对象，大部分失去效力而变成一纸空文，已不是修修补补所能挽救的。唐后期的政局一直动荡颠簸，战乱不断，统治者既无时间顾及，也没有力量大规模地开展律、令、格、式的修订工作。因为律、令、格、式作为稳定性较强的法律形式，若不与时俱进，则难以应付复杂多变的新形势。当然，从朝廷当时的政治能力来讲，也就只有"躺平"了。相反，倒是那些根据政治经济的实际情况和需要随时颁布的制敕，具有很强的灵活性和针对性，足以解燃眉之急。

回放唐代的立法进程，少不了法律伦理的强力支撑。法律伦理以一个社会的主流伦理为基础，是这一伦理与法律相结合的产物。该伦理一旦缺席，便失去了与法律结合的机会，法律伦理的形成就会受挫。中国古代是个专制社会，君主掌握了国家大权，可以利用社会的一切资源来为国家服务，唐朝的皇帝们概莫能外。因此，中国古代的君主对弘扬主流伦理往往具有决定作用。然而，唐后期法律纂修的时代背景很难确保法律伦理发挥正常作用，但近300年的唐人立法成就与经验教训，仍闪烁着生生不息的法治之光。

第二章

中华法系的代表——《唐律疏议》

　　《唐律疏议》是我们所熟悉的代表性唐代法典的名称，有的学者也称之为《故唐律疏议》。它实际上包含了三部分内容：一是律文，二是注文，三是对律与注作了解释的疏文。所谓"疏"是在《永徽律》制定之后，组织起制定《永徽律》的主要参加者，专门对律文与注文展开逐条逐句的解释，解释的文字就穿插在律文和注文各条各句的中间或后面，同原有的律文、注文一起公布于世。律疏的功能很明确：发明律及注的意涵、揭示律的深义、补充律文的不周到之处。由于"疏"紧接着以"议曰"做解释的发语词，后人渐渐将疏文部分开头所标的"疏"与"议曰"之间的句读停顿忽略了，整个解释部分便被直呼为"疏议"，于是形成了这种"疏议曰"的写法。因此，人们将错就错地产生了一个书名——《唐律疏议》。

学界一般将《唐律疏议》等同于《永徽律疏》，尽管两者之间存在着深厚的渊源，但还不能简单地画等号。毕竟在唐高宗永徽之后，唐代律疏还发生过一些丰富的变化，尤其在李隆基当政的开元后期，有过一次大规模的律疏调整与修订，当时总共撰成《律》12卷、《律疏》30卷、《令》30卷、《式》20卷及《开元新格》10卷。开元二十五年（737）之后，唐代再无声势浩大的法律整理和修订，律疏才基本定型。从细节来看，唐代律疏在开元时期的各种变化广泛涉及官职称谓、地名等多个方面，使当时的律疏与此前的《永徽律疏》区隔开来。不过，它在唐代广为人知的大名仅仅是《律疏》。那具体什么时候出现《唐律疏议》或《故唐律疏议》的呢？中外学界一般认为，不但唐朝没有《唐律疏议》的叫法，更没有《故唐律疏议》这样的称谓，即使到了宋代这一说法也没产生，《唐律疏议》或《故唐律疏议》的书名应该开始于元代。

这种颇有新意的法律解释在律义内容上沿波探源，自枝穷叶，达到了最大的深度与广度。长孙无忌在《进律疏表》中说，他们花了很多精力搜集各类典籍文献，又利用聪明才智来解读、分析，终于高标准地完成了法典的注释工作。有学者指出，唐律通过《律疏》获得了权威而标准的解释。这种解释不是律义的简单重复，而是律文在同一方向上的延伸及发展。它不但体现了中国古代法学的优良传统，也适应了唐代司法实践的需要；不但使唐律的程式清晰明了，也使律疏本身成为唐律不可分割的组成部分，具有了与唐律并行的国家法典的性质。所以说，《唐律疏议》既是唐代的法典，也是唐律的法律解释书，其核心目的就是要通过注解律文以满足唐代政治、经济、社会发展在司法方面的内在需求。

一、疏而不失的内容体系

唐律在隋代《开皇律》的基础上形成了稳定的结构，较好地克服了魏晋南北朝时期法典篇章无序多变的状况——"所谓十二篇云者，裁正于唐"。《唐律疏议》这12篇30卷包括502条律文，精准简练，享有疏而不失的美誉，其中一个重要原因便是疏议补充了律条没有明文规定但又必须确认的内容，并发挥了巨大的应用价值，乃至审理案件的官员都爱援引疏议以分析、摸清案情。

在篇章的布局上，《唐律疏议》可谓层次分明，每个篇名基本上能够体现该篇所代表的不同情形的法律生活，且集中显示了需要调适的社会关系。被冠于12篇之首的《名例律》，确立了各篇刑律的名称及法例择用的基本原则，发挥着提纲挈领的作用。《名例律》占到全部篇幅的五分之一，规定了刑罚的种类、量刑标准以及刑讯注意事项，余下的篇章则按照各自所调整的社会关系性质的不同而逐一展示。其实，在一个帝制的传统国度里，社会关系表面上比较复杂，但首先也是最重要的是以皇权为中心的政治关系，其次是王朝赖以生存的社会经济基础，再次是对政权安危和经济基础起到或正或反作用的武装力量以及各群体背后的社会关系。诚如《孟子·尽心下》所言，诸侯之宝有三：土地、人民、政事。

《唐律疏议》的分则部分由11篇构成，大致可以归纳为五部分，第二篇《卫禁律》和第三篇《职制律》为第一部分。这一部分几乎全部围绕着至高无上的皇权而展开。其中《卫禁律》曾名《宫卫律》《禁卫律》，隋代才定为此名。卫指的是警卫之法，禁则"以关禁为名"，两者合起来的原因是"敬上防非"，于事尤重，所以置于《名例律》之后而作为刑律各篇之首。由此可见，唐律将《卫禁律》置于分则诸篇之首，表明维护皇权是整个国家的首要任务。而这个皇权不仅是当朝皇帝的人身安全，还集中在皇宫的安全，甚至包括私度关津边塞的危害。《职制律》曾叫作《违制律》，隋代改为此名。该律专门讲的是职司法制，主要是惩治官吏违法失职方面的规定，如对皇帝衣食住行安全及威严的危害或冒犯、贪赃枉法、玩忽职守、举荐官吏失察及举止不当等，则视情节轻重予以惩处。总体上看，该律是调整政权机构各种管理职能的行政性法规。政权机构管理职能的落实及其保障直接关系到封建政权的存亡，因此它的重要性仅次于皇权——"宫卫事了，设官为次"。所以，唐律把它放在《卫禁律》之下，这也是古代官本位社会结构的一大体现。

《唐律疏议》分则的第二部分包括第四篇《户婚律》和第五篇《厩库律》。《户婚律》是在户律、婚户律的基础上发展而来，规定了土地占有、赋税、婚姻家庭及基层社会治理等方面，目的在于保证平头百姓有效占有土地并切实履行赋役义务，严禁不按礼法规定婚娶及组织家庭，家长、里正对脱户漏户负责，属于专门调整有关封建民事关系的法律，以保证国家的财政收入与正常运转。《厩库律》经历了厩律、厩牧律、牧产律的称谓变迁，厩乃马牛之所聚，库则是兵器盔甲、财物绢帛之所藏。所以，该篇尤其是关于国有牲畜及仓库管理方面的规定，重在保护生产资料和国家财富。因此，《户婚律》和《厩库律》共同维护着国家的经济生产和物资储备，经济基础毕竟是一个政权生存的必需，所以唐律将它们的位置安排在《职制律》之后。

《唐律疏议》分则的第三部分由《擅兴律》和《贼盗律》两篇组成，《擅兴律》曾作《兴律》，后来在"擅兴"与"兴擅"之间调换，但基本意义不变。该篇主要论兵，认为国之大事在于军戎，务必设法层层防御，具体涉及军队调动、主将指挥、兵员征发、镇戍管理及兵器制造等内容，意在维护皇帝对军队的绝对控制权，因此对擅自发兵、泄露军机、不听调令等罪行予以严惩。《贼盗律》曾分而为二：贼律、盗律，北齐将其合为一体，《开皇律》受而行之。此篇主要的打击目标是谋反、谋大逆、谋叛、盗取皇家官府物品、侵害普通官民生命安全、掠卖人口、肆意破坏社会秩序等犯罪行为。律文对盗罪详细分为窃盗、强盗与监守自盗，并视其情节轻重而惩罚之，其中对强盗与监守自盗的行为从重处罚。这两篇在结构上属于"前禁擅发兵马，此须防止贼盗"，一是从根本上管控武装力量，二是严惩社会危害性犯罪。因此，唐律把军队和社会类犯罪作为又一重要的防范对象。

　　《唐律》的第四部分是调整其他各种社会关系的法律，包括《斗讼律》《诈伪律》和《杂律》3篇。《斗讼律》一名产生较晚，北魏太和时期才有"斗律"，北齐将诉讼附于其后，始称"斗讼"，隋唐沿用不变。它是关于斗殴所致伤残程度，殴打不同亲属、官长的惩处、诬告及告发等规定。"斗讼之后，须防诈伪"，所以这两律次第相连，第九篇《诈伪律》首先规定伪造皇帝八宝者处以斩刑，若伪造太后、皇后、皇太子等宝则处绞刑，对伪写官文书符印、诈为制书及官私文书、假冒官员或嫡子、诈良为贱、诈贱从良、诈免赋役、诈称祥瑞、诈病死伤、造假药、做伪证等犯罪予以严惩。第十篇名曰《杂律》，先秦之际即有杂法，北周更名为《杂犯律》，隋代定为杂律，是对前几篇律文的拾遗补缺，其中涉及赃罪、债务、侵占公共场地、一般的公共安全秩序、借贷、市场管理、公私场所火灾、弃毁皇家或官府物品等方面的法律规定，同时强调了对男女奸情的批判及惩罚。

　　《唐律疏议》中的《捕亡律》和《断狱律》构成了分则的第五部分。《捕亡律》一度名曰捕断、逃捕，后来定为捕亡：若有逃亡之人，恐其滋生事端，必须追捕缉拿。此篇是关于追捕罪犯、逃兵、在逃官奴婢、在逃犯人、藏匿犯人等方面的法律规定，既确立了追捕者与看押者的职责，又强调了对逃亡者加重惩处的原则。而《断狱律》早在北周时已得名，它综合了全部唐律中同一部类的内容体例，形成了唐王朝关于司法审判和监狱管理方面的专门规定。鉴于以上各篇罪名都有自己相应的律条法例，且在拘捕讯问、决罪轻重上各有规范，因此将《断狱律》殿后。《斗讼律》的一部分规定了"告诉"的程序与原则，而《断狱律》规定了审理的程序与原则。在告诉方面，《唐律》要求在重大犯罪上，知情者有向官府告发犯罪的义务，否则也被视为犯罪。但对于一般犯罪，卑幼不得告发尊长；在押囚犯不得告发其他人，同时禁止越级上诉。在受理审判方面，物证与口供并重，在量刑的判决书中必须引用律令格式作为定罪依据。《捕亡律》之前的各篇可以看作是唐律的实体法，而《捕亡律》与《断狱律》应被看作是保证实体法施行的程序法。

在遵守法治原则的前提下，唐律有限度地表明："援引朝廷敕令来断案是可以的，但出于一时一事的敕令缺乏长久效力，禁止作为其后断案的依据。"这种限制性条文既是承认了皇权可凌驾于法律之上的特权，同时也是对皇帝滥用司法权力的一种预防和限制。而《唐律疏议》的最后一条对"疑狱"情形的审判作了规定：凡对案件存疑的情况，可将罪行的存疑部分酌情以赎铜之法论处。存疑情况一般有数种：有罪之证据与无罪之证据相等；

有罪之推理与无罪之推理相当；或怀疑有此案情但缺乏证人证据；或有旁证，但案情与之难吻合。面对这些特殊问题时，法官们可以提出不同意见，而辩论驳议不得超过三回合。这种富有弹性的规定，促使律文在司法实践中具备了更强的适应力。此外，《唐律疏议》对律、令、式的临时修改作了严格限定：凡是认为律、令及式等条款内不便于实际运用者，都要辨明哪些不适用，然后详细报给尚书省，召集七品以上的京官集体讨论，并将需要修改的部分上奏皇帝。如果不向尚书省报告，自行上奏并改动的官员，当处以徒刑 2 年。这么做的目的就是确保法典的权威性与稳定性，限制或防止执法官员在办案时对律、令等既有法律规定的随意破坏。

由此可见，《唐律疏议》的篇章结构比较完备，前后篇之间安排有序，治罪疏而不漏。我们可以将《名例律》与其他 11 篇划为 6 个层次：总则为先，以明刑律之原则；分则为后，以定罪名与刑名之制；重者为先，轻罪为后；实体为先，程序为后。而且，各部分之间步调一致，在“疏议”的调适下互相衔接，不仅充实了律文的内容，而且使律文在实施中有了统一标准，促使整部法典构成了一个充满逻辑、张弛有度的整体。

前文已经点出唐律的精密体例离不开“疏议”的鼎力相助：

律条的正文是对有关法律现象的规范性界定，而注解则是对律条正文中有关概念和规定的内容及其适用的解释。唐律的编撰者把对律文与注文同时作解释的文本称为"义疏"，这一点受到了汉魏以来注解儒家经典所用文体的切实影响。汉魏以来为圣贤经书撰写解释的文本有的称为注，有的称为传，也有的称为诂。而为唐律的律文及注文作解释，当时的立法者把此事看得既严肃又庄重，将其当作为圣人的经文及注文作解释。不过，按当时的文体习惯，这种性质的撰述已不再称为传，而是改称为义疏。所以，同时解释唐律律文与注文含义的著作，也称为"义疏"。义疏体被用到唐律上，就是对处于经文地位的律条与其注文作解释的文字，也就是"兼律注而明之"。清代雍正时期的刑部尚书励廷仪评论唐律的义疏条分缕析，逐字逐句作解，阐发详尽到位，可以补充律文未及之处。清末任刑部侍郎的沈家本也表示：唐律自从添加疏议以后，简略、深奥的律文就通畅多了。

　　唐律的疏文是由"议"和"问答"的形式组成，其注解功能便通过这两部分来实现，而"议"一般列举在前。从用词上看，疏的"议"下都用"曰"字，构成"议曰"；"问答"之下也各附以"曰"字，构成"问曰"与"答曰"。"议曰"与"问曰"答曰"都是律疏的内容。议是古代一种重要的文体,《文心雕龙》作了定义:"周爰咨谋,是谓为议。"而公共政治生活里本来就有朝议、奏议、驳议、礼议等,官员或知识阶层可就朝野巨细之事发表己见。同时,在《旧唐书·经籍志》等书目中记载了许多以"议"命名的作品。因此,《唐律疏议》的编撰者使用这种常见的文体集思广益,分析阐发律文及其注的意义与内涵符合了时代特征,这也是后世衍生《唐律疏议》专门称谓的一大成因。

疏文在"议"之后,常常还有"问答"的部分。而"问答"是中国古代法律解释的传统形式,在战国时期的社会生活中已经出现了。传世文献《商君书·定分》记载:凡是官吏、民众都可以向掌管法令的官吏询问法令的具体内容,法吏必须明确答复他们。同时,还要准备 1 尺 6 寸长的竹简,写明详细的年月日及所问法令的名称,以此备查。湖北睡虎地秦墓出土的竹简保存了当时的"法律答问"共有百条之多,以问答形式对秦律某些条文的精神实质和名词术语作出中肯的解释。这批简的整理者认为这决不是私人对法律的任意解释,而在现实中具有法律效力。从《法律答问》的内容范围看,它所解释的应是秦律中的主体部分。文中很多地方出现了"廷行事"的说法,皆采用具体的案例、案情相问，而执法者则以处置办法相答，反映出当时使用以往判处的成例来审理案件已成为一种制度。因此，"问答"已发展为秦朝正式的法律形式之一，至于《唐律疏议》中的"问答"很好地沿用了法律解释的传统方式，并且常常列举实例来解释相应的罪名。

"议"和"问答"在唐律的解释上是平行并立的关系，"议曰""问曰"与"答曰"都是律疏的重要组成。从内容上看，"议"通过议论阐发的形式去解释律文的本义，而"问答"则以列举判例的形式来解释律文运用中的问题。问答不是"议"的附属内容，而是相对独立地提出对律文的例证，具有不可取代的作用。诚然，大部分律条的疏文在"议"之后没有设置"问答"，但不能因此否认两者地位相等。另外，"议"与"问答"的同等地位在《律疏》疏文的表述及书写形式上也有表现。从古代版刻外观上看，原来竖写的"诸"字之下的律文，包括注文在内，皆顶格依次序写。至于"疏"文比律文低一格，"议"在"疏"之下；而"问答"在排行上也比"疏"低一格，而与"议"的位置相同。

据统计，在《唐律疏议》502 条律文的条目中，含有"问答"二字的就有 119 条，所占比重接近四分之一。其中，以《名例律》

（57条）、《斗讼律》（60条）与《贼盗律》（54条）所含"问答"较多，分别是30、25、21条；"问答"条数在5—10之间的，有《卫禁律》（33条）含"问答"有5条；《职制律》（59条）含"问答"有6条；《户婚律》（46条）含"问答"有8条；《诈伪律》（27条）含"问答"有9条；《杂律》（62条）含"问答"有3条；《捕亡律》（18条）含"问答"有5条；《断狱律》（34条）含"问答"有5条；而《厩库律》（28条）与《擅兴律》（24条）所含"问答"最少，各仅有1条。从初步统计来看，"问答"数多的，律文数也多，如《名例律》与《贼盗律》；但律文数多的，"问答"数不一定多，如《职制律》与《杂律》。可见，通过问答形式来解释律文是为了满足司法实践的需要，而不是为了文本的层次感。

由于《名例律》本身占有较大篇幅，其中涉及诸多刑罚制度和基本原则，具有较强的抽象性。而作为分则的各篇所使用的法律术语也要提前做好解释，那么需要解释和祛疑之处自然比较多。这种体例的法律解释方式是中国法制史上的一大特色，特别使《唐律疏议》中相关律条的具体释文显得更加缜密、丰满，从而将法典的原则性和灵活性很好地结合起来。毕竟法司在具体执法时总不能固守"以不变应万变"的思路，通过解读、补订律文中的一些规定以便游刃有余地应对新的社会情况。

在严密的体例及层层递进的篇章关系中，唐朝流行的主要罪名贯穿其间。而今日我国将刑事犯罪划为十大类，具体分为危害国家安全罪，危害公共安全罪，破坏社会主义市场经济秩序罪，侵犯公民人身权利、民主权利罪，侵犯财产罪，妨害社会管理秩序罪，危害国防利益罪，贪污贿赂罪，渎职罪，军人违法职责罪。比照这一法制观念，从唐律基本内容特征出发，大体可分为以下几类：

1.危害国家安全罪。皇帝是国家的代表，而皇权是专制政体的核心要素，那么危害皇帝的人身安全、冒渎皇帝的权威与尊严、阻碍或侵夺现行皇权的运转都可定性为危害国家安全的罪行。众所周知，在传统的政治生态里，这类罪行最为严重，仅"十恶不赦"中就有"四恶"针对危害皇权的，唐律采取极刑以强化对皇权的保护。此外，还有一些间接或较轻的危害皇权行为，唐律也积极准备了不少罪名以进行惩治，如涉及皇帝人身安全的，有阑入宫殿、无门籍入宫、出宫迟缓、盗宫殿门符、冒名守卫、登高临视宫中、冲突皇家仪仗等罪行，其中多数以皇宫安全为中心；有关冒渎皇帝权威方面的，有应奏不奏、上书奏事有误、稽缓制书、偷盗制书、诈为制书、擅发兵、盗御宝、伪造御宝及制书、诈为祥瑞、受命出使却干他事等罪行。此外，唐律还设有关于国家领土安全的规定，如越度边境地区的关塞、烽燧不警、携禁物私自度关、缘边城戍内外奸出入等。因此，唐律对皇权展开了多方面的保护，集中显示了君主专制统治的本质。

2. 侵犯人身安全罪。唐律中的侵犯人身安全罪主要有两类：一是非法损害他人人身健康的伤害罪。此类罪行大多因斗殴导致，《唐律疏议·斗讼律》界定为：相争为斗，相击为殴。由于斗殴会破坏社会治安，即使斗殴未造成伤害，也要笞40下。唐律又依据斗殴的主观动机、斗殴人身份、斗殴手段的不同，将斗殴分为不同类型，分别加重或减轻处罚。一般斗殴的最高量刑为流3000里，若伤人致死者，那就以杀人罪论处。同时，伤害罪的严重程度可能剥夺受害者的生命，针对这类情况，唐律沿袭并发展了保辜制度。保辜的期限是由加害方式（徒手、器械、尖锐物品、汤火）及伤害程度（皮外伤、伤筋动骨乃至生命垂危）来确定的，在此期限内（一般10日到50日），伤害人可以采取积极措施以挽救被害人的生命，借此减轻自己的罪责。保辜制度在一定程度上有利于社会矛盾的缓和，进而促进社会秩序的维护。

二是杀人罪。杀人罪属于非法剥夺他人生命的恶劣行为，《唐律疏议·斗讼》各篇系统规定了"六杀"情况，分别出自不同的主观动机，具体分为谋杀、故杀、斗杀、戏杀、误杀、过失杀 6 种。其中，谋杀是有预谋、意图在先的。谋杀人，有预谋而未遂者，徒 3 年；谋而伤人者，绞；杀而已遂者，斩，但奴婢谋杀主人、子孙误杀尊亲则加重处罚。故杀人，处斩。斗殴杀人，处绞。误杀人，以斗杀伤论，罪至死者，减一等处罚。戏杀人，减斗杀伤罪二等处罚。过失杀人的话，允许以铜赎罪。此外，还有劫杀的情况，不分首从皆斩。这些不同情形的杀人罪行的区分，不仅表明了唐朝立法者对于杀人罪认识的深化，还反映了当时刑法理论技术已达到较高水准。

3. 侵犯公私财产罪。唐律明确表示保护公有和私有财物，并创设了以打击盗取财产为主要内容的罪名体系。唐律首次将盗分为窃盗、强盗两类，惩罚轻重有别，而后者包括先强后盗、先盗后强。所谓"窃盗"，指"潜形隐面而取"，而强盗则是"公然而取""以威若力而取其财"。至于以药、酒、食物使人癫狂、神志不清而掠夺财物的也属强盗。两相比较之下，强盗是以暴力手段公开地非法攫取他人财产，显然其行为的社会危害性更大。因此，唐律对其处罚也更重：犯强盗罪者，即使不得财，也要徒 2年；要是赃满 1 尺者，徒 3 年；满 10 匹及伤人者，绞；抢掠过程中杀人者，不管杀害的是良贱、财物主人与否，皆斩。若持有刀子、棍棒而强盗，虽不得财，也要流 3000 里；赃满 5 匹，绞；

若不得财但伤人者，斩。关键在于，只要犯了强盗罪，不分首从，不得减等处罚。但对于窃盗则规定：不得财，笞50下；赃满1尺杖60，1匹加一等，5匹徒1年，每5匹加一等，50匹处以加役流。同时，强盗罪还有这样一种情况：若烧人宅舍及积聚之物而乘机盗取者，需要统计所烧与所盗之物，赃满10匹处以绞刑。在窃盗和强盗之外，唐律还规定了"监临主守自盗"，这是针对官吏利用职务之便，窃取自己负责管理的皇家或官府财物。对此，唐律规定较普通窃盗罪加二等处罚，1尺杖80，1匹加一等，5匹徒2年，并规定赃至30匹，处以绞刑，这也是唐朝肃清吏治的一种举措。

4. 官吏职务犯罪。唐代积极使用法律手段来整饬吏治，推行廉政，提高统治效能，维护国家机器正常运转。唐律已在《名例律》部分赋予官吏种种特权，同时非常注重对官吏失职违法行为的惩治。唐代官吏的职务犯罪主要集中在违纪行为、失职行为和贪污受贿行为三个方面。官吏违纪行为指的是一般性违反政纪的行为，如泄露机密、私自开拆偷看官文书、州县长官私自出界、上任不如期、乘驿马枉道、乘驿马私带物品等，而处罚一般在笞、杖之间。但是，造成十分严重后果者，也可处以极刑，如"漏泄大事"就比普通泄密行为严重得多，则论以绞刑。失职行为指的是官吏没有恪尽职守、依法办事，如置官过限以及不应置而置、贡举非其人、非法兴造与赋敛、出使不务正业、稽误制书及官文书、上书奏事有误、事应奏不奏、州县脱漏户口、辖区内田畴荒芜、不言或妄言灾害、桥梁堤防失修等，唐律会根据其所犯情节轻重而处以杖刑或徒刑。

针对官吏贪赃枉法行为，唐律不仅重视事后惩治，而且注意从制度规定上来预防。一些官吏会利用职务非法占有公私财物，索取收受贿赂或利用权势谋取其他不正当利益，唐律归纳了"正赃六种"的罪行：强盗赃、窃盗赃、枉法赃、不枉法赃、受所监临赃及坐赃，用以惩治经济犯罪行为。其中，除强盗赃和窃盗赃以外，其余四赃都用于惩治官吏的贪污受贿行为。比如，唐代要求依法从严监督有职权的官吏，从庞大的官僚体系中分列出"监临""主守""势要"诸官，明文规定犯罪要加重处罚。以受贿罪论，一般官员受贿的计赃幅度轻于窃盗，而监临、主守受赃的话，即使不枉法，也要加窃盗二等处罚。至于部分官吏的某些经济犯罪可能具有较高的隐蔽性，《唐律疏议·职制律》因而设立"事后受财"的规定：有事相求之前没有许诺给财物，事情办成之后而受贿者，如果这件事背离礼法，则准受贿枉法罪处置；此事若对礼法、社会安全无损，则以接受所管部属的财物治罪；至于搜刮辖区内民众的财物后而转手送人的犯罪行为，也以接受所管部属的财物论处。为加强惩治贪官污吏的力度，唐律规定，对于官吏的经济犯罪，视情节不同，不仅撤销官职，付诸刑法，还一定追缴正赃。可以说，唐律之所以在中国乃至世界法制史上有重要影响，其中关于强化对官吏廉洁的监督、预防及惩处等方面，十分值得推许。

5. 破坏家庭秩序罪。家庭是社会的细胞，也是一个政权的基础。除了袭用宗法原则来维系家庭和家族的存立，唐律还通过立法来保护家庭秩序，尤其对其中的父权与夫权规定了一系列相应的保护措施。唐律"十恶"中的恶逆、不孝、不睦、内乱都是直接维护尊长、家长在家庭中的权力和威严的。凡子孙咒骂、殴打、杀伤尊长亲属，轻者处以徒流之刑，重者处斩，且不能得到赦免。同时，唐律还规定了更宽泛的罪名来确保父权、夫权的有效行使，如立嫡违法、违反教令、养贱口为子孙、供养有阙、别籍异财、居丧期间嫁娶、相冒合户、夫丧守志、妻无七出、夫妻义绝离之等。

此外，在婚姻关系的维护上，尊长负责为卑幼定婚，子女若不服从，将受到杖100的处罚。至于有妻更娶、以妻为妾、娶逃亡妇女、未当色为婚等行为皆有不同惩处。在夫妻关系上，唐律严格执行夫为妻纲的礼教原则，如丈夫殴妻，不成伤则不论，成伤也减凡人二等处罚；但妻子殴打丈夫，不成伤也要处罚，成伤则加等处罚。在婚姻解除方面，则从礼法等角度出发，以"七出""三不去"的形式维护夫权的崇高地位。

6.破坏社会秩序罪。王朝政治充满了各种复杂性与未知情况，针对危害社会秩序的一般行为，唐律规定了细密的罪名进行惩治，以起到防微杜渐的作用。这一类罪名主要见于《唐律疏议》的《诈伪律》与《杂律》两部分，其中《诈伪律》对于危害社会秩序的各种欺诈、伪造活动设置了相应的罪名和刑罚，而伪造皇帝御宝的行为已归入"十恶不赦"的行列；《杂律》中有关破坏社会秩序的犯罪则更加宽泛，如无故于城内街巷奔驰车马、向城内及官私宅投掷石块、在市内散布流言惊扰民众、私自攀越城垣、侵占街巷道路等。此外，唐代还严禁赌博、散布妖言、诈称祥瑞、私习天文以及严禁私人持有、盗取和制造武器等可能危害社会治安的行为。

对于容易对公共安全造成重大危害的水灾、火灾，唐律也规定了较为严密的处置办法，并对违反者给予刑事处罚。比如，禁止在庄稼生长和收获的季节在田野里烧火，否则构成"非时烧田野罪"；唐律要求发现火情后，附近之人必须呼叫救助，积极采取措施灭火，否则构成"见火不告不救"罪。对于水患，若是人为造成的，如为用水而盗决堤坝，或为报私仇及为防止自家利益受损而开决堤坝，就构成盗决堤防罪；如果地方官员没有及时修筑堤坝，则以不修堤防罪、修堤失时罪论处。

为了在更大范围内有效地控制社会，惩罚不利于皇权统治的行为，《杂律》部分还设置了"不应得为"的律条。这一律条无论从外观结构或是内在实质，都是之前各个律条的延伸和补充，其量刑轻重的分界也是以此前各类量刑为内在的衡量标准。总之，"不应得为"条的立法目的不仅是对各个律条延展性的保护，还为了求得刑、礼、情理三者之间的平衡。这些内容结构坚实地塑造了唐律疏而不失的特点。

二、在忠孝之间的刑罚原则

作为中国古代立法解释的典型代表，《唐律疏议》获得了一个极高的评价：唐律解释的杰出化身。《唐律疏议》对唐律的解释涉及多个方面，如法典体例、法律条文、法律术语、刑事原则、立法原因与目的、法律渊源以及律条注文的解释，等等。"疏议"引用了大量的唐代令格式，并协调好它们与律之间的关系。"疏议"还大量引证前后律文，协调律与律之间的关系。经过"疏议"的协调，各篇律文被有机地组合在一起，成为一个和谐的整体。经过"疏议"的解释，律文中的有关字、词和句子更加规范化、法律化，便于臣民掌握和遵守，尤其避免了因"俗吏所不能通晓"而枉法的情况。当然，这些解释的终极目的都是使律法得到准确理解和适用，更好地推动法律的实施。

唐代是个宗法伦理社会，经济生产以小农经济为主，人们聚族而居，以家庭作为生产和社会责任的承担单位，个人依附于家庭、家长。那么，由此产生的法律就必然追随宗法伦理、维护礼教秩序。唐律中有一种天人一体、人人关联的宗教和伦理精神，而现行刑法则更多体现了个人担当的世俗主义。唐律不仅把礼法看成人与人之间的关系，而且看成是对天道秩序的模仿，譬如"观雷电而制威刑，睹秋霜而有肃杀"。同样，犯罪不仅仅被当作对受害人的侵犯，而且被上升到侵犯名教的地步，也就是对整个伦理秩序的挑战和破坏。因此，唐律作为法律规范与其所处的社会环境高度契合。

在《唐律疏议》的结构中，首先映入眼帘的便是五刑制度。这是一项基本的刑罚制度，主要沿用了隋《开皇律》所确立的五刑制度，只是将刑罚排列顺序改为由轻到重，并对个别刑种有所改动，使之更趋合理。

　　笞刑，这是五刑中最轻的一种刑罚。《唐律疏议》的解释是"笞者，击也，又训为耻。言人有小愆，法须惩戒，故加捶挞以耻之"。由此可见，笞刑主要对轻微的犯罪行为进行惩处，起到羞辱、教育罪犯的目的。唐朝的笞刑是用双股荆条抽打大腿和臀部，并分为五等：10、20、30、40及50下。

　　杖刑，处罚力度比笞刑稍重的刑罚，所用刑具是稍粗的荆条或木板，责打部位为背部、腿部或臀部。杖刑可追溯到《尚书》里的"鞭作官刑"，到了隋唐时期便以杖易鞭，一般分为杖60、70、80、90、100共5等。唐律遵循汉制，处以笞、杖者累计不超过200下。

　　徒刑，所谓"徒者，奴也，盖奴辱之"，是在一定期限内剥夺犯人人身自由并强制服劳役的刑罚。唐人认为徒刑肇始于西周，并将徒役年限细分为徒一年、一年半、两年、两年半、三年共5等。

　　流刑，流的本义是"不忍刑杀，宥之于远"，所以将人犯押解流放到边远地区，并强制在流放地为官府服一定期限劳役的一种刑罚。唐朝的流刑分为流2000里、2500里、3000里3等，服役期限均为1年。同时，出现了能替代死刑的"加役流"，在流

3000 里的前提下，并将劳役时间加至 3 年。被处流刑的囚犯在服刑期满之后，除非得到皇帝特赦，否则不得返回原籍。诚然，不少流放地已远远超过以上所限定的里程。

死刑，五刑中最重的一种。"死，澌也，消尽为澌"，属于直接剥夺罪犯生命的一种刑罚，古人常称为大辟之刑。唐朝的死刑定为绞、斩两种，与前代各种残酷、恐怖的生命刑相比，还是十分文明的。其中绞刑得以保留全尸，而斩刑则身首异处，虽然绞刑轻于斩刑，但皆属用刑的极点了。

唐律还规定，自笞 10 至斩刑其抵赎额分别是铜 1 斤至铜 120 斤。一般认为，这五刑制度合起来有 20 个档次，其实绞刑和斩刑的赎铜标准是一致的，都是 120 斤。除了"十恶"重罪之外，若符合法律规定的情形，这些刑罚还可以用相应数量的铜抵赎。

唐代在五刑制度之后紧接着列举了"亏损名教，毁列冠冕"的"十恶"行为。北周、北齐虽有重罪十条之名，但还没有形成"十恶"的细目，隋文帝开皇时期才创设。自唐高祖以来遵用不改，继续采取对严重危害皇权统治、纲常伦理的"十恶"之罪进行重惩的原则。"十恶"的具体内容如下：

谋反，"谓谋危社稷"，即企图推翻在位的皇帝及其政权、危害国家安全的犯罪行为。"社稷"只是代称，毕竟"王在法上"，不能直呼尊号。谋反罪位列"十恶"之首，在唐律规定的所有罪名中最为严重，因此相应惩处也最为严厉。《唐律疏议·贼盗律》规定：谋反者，不分首犯从犯，均处斩刑；父及年16以上的子皆处绞刑；子年15以下及母、女、妻、妾、祖父、兄弟、姐妹等没官为奴婢；伯叔父、兄弟之子均流3000里。即使口口声声要造反谋逆，但内心并无实际计划，又无反状可寻者，也处以流2000里的刑罚。

谋大逆，"谓谋毁宗庙、山陵及宫阙"，即指意图毁坏皇帝祖庙、皇陵和宫殿，危害皇权的犯罪行为。宗庙是皇帝祭祀祖先之地，山陵为皇帝祖先安葬之所，宫阙则是皇帝居住及召集大臣议政之所在，都是皇权的重要象征，因而成为法律的重点保护对象。唐律规定，对于谋大逆罪，与谋反罪一样重惩；正犯不分首从，皆斩；其余亲属分别株连治罪。

谋叛，"谓谋背国从伪"，即指企图背叛本朝、投附敌对势力的严重犯罪行为。这种行为严重危害现行统治，因此不论"谋"或"已行"，均处重刑，而且亲属连坐。

恶逆，指的是殴打及谋杀祖父母、父母，杀伯叔父母、姑、兄姊、外祖父母、夫、夫之祖父母、夫之父母等对于直系及近亲的侵害等恶性犯罪行为。对于上述亲属的侵害，虽然亲疏关系各有等差，但罪犯所实施的殴打、谋杀或杀害行为均构成此罪，必定受到严惩。

不道，"谓杀一家非死罪三人，支解人，造畜蛊毒、厌魅"，意为残忍地杀死一家不涉死罪的三人，或肢解尸体，或畜养毒虫、使用邪术害人的犯罪行为。这些罪行手段恶劣，社会危害性很大，破坏了正常的公序良俗，尤其畜蛊一事，深为朝野所忌。因此，《唐律疏议·贼盗律》规定：对于杀人、肢解的恶劣行径，处以斩首，罪犯的妻、子流放3000里；凡是造畜蛊毒或教令唆使他人造畜的，处绞刑；即使造畜者的同居家口并不知情，或里正知悉而不纠不告者，皆流放3000里。

大不敬，主要指盗窃大祀时供奉神灵的物品及皇帝御用舆服，盗用及伪造皇帝玺印，药品、饮膳、舟船等出现疏误而致使皇帝人身安全受到威胁以及冒犯皇帝及朝廷使人的犯罪行为。

不孝，指控告及咒骂祖父母、父母；祖父母、父母在而另立门户、分割财产、供养有缺；在为父母服丧期间，自身出嫁或娶亲，寻欢作乐，不穿孝服；得知祖父母、父母去世，而隐匿不办丧事以及谎称祖父母、父母死亡的行为。"不孝"行为在性质上与"恶逆"相近，均是对尊卑长幼伦理关系的侵害，但就侵害程度而言，"不孝"较"恶逆"为轻，因此刑罚也较之稍轻。

不睦，指谋杀或出卖缌麻以上亲，殴打、告发丈夫和大功以上尊长、小功以上尊亲属的行为。这类行为也严重危害宗族、亲族关系和礼教原则，因此也要受到重惩。

不义，指严重危害上下、尊卑关系，"杀本属府主、刺史、县令、见受业师，更卒杀本部五品以上官长"以及妻子得知丈夫死亡而隐匿丧讯、寻欢作乐、不穿孝服或改嫁他人的行为。不义行为危害的虽非亲族关系，但根据儒家礼教的要求，属于严重地背信弃义，因此比照一般意义的侵害行为，也要加重处罚。

内乱，指家族之中发生了强奸或奸小功以上亲属及祖父或父亲之妾的犯罪行为。这种行为不仅会扰乱亲族内部的伦常秩序，还会殃及社会风化，所以较一般奸情要加重处罚。

这10种犯罪行为，要么严重危害到皇帝的人身安全、权力、尊严，要么破坏名教伦常道德，皆不利于政权统治的根本利益，必须受到严惩。唐律规定，犯"十恶"者，本人重惩，亲属连坐，并为"常赦所不原"。同时，即使在法律上享有特权的官员、贵族，犯了"十恶"之罪，也很难享受议、请、减、赎的优待。其中，尤其在谋反、谋叛、谋大逆、恶逆"三谋一恶"的惩治上，不仅不得赦免，而且处决概不迁延。

唐律继承了以往有关官员、贵族在法律上享有种种特权的规定，确立了议、请、减、赎、当各种制度，保护统治集团内官僚贵族的特殊地位和切身利益。

所谓"议"，指的是"八议"，司法部门针对8种特殊群体的犯罪，尤其犯了死罪的，不得直接审判，而将其所犯之罪条录上报，经朝臣议定后，由皇帝最终裁决。若犯流罪，减一等处罚；但是，触犯"十恶"的话，死罪不得上请，流罪以下不得减免，可见"八议"群体也不是无法无天之辈。"八议"的具体内容指：

议亲，即皇亲国戚，包括皇帝袒免以上亲，太皇太后、皇太后缌麻以上亲，皇后小功以上亲。

议故，指皇帝的故旧，与皇帝私交甚洽之人。

议贤，指行高德重，其言行堪称楷模的贤人君子。

议能，指在治国用兵、辅佐朝政等方面具有杰出才能者。

议功，指为国家建立过卓越功勋的人，斩将拔旗、冲锋陷阵、匡救时艰、率众归朝等异行。

议贵，指三品以上职事官、二品以上散官以及一品爵位的高官显贵。

议勤，指谨守职责、勤劳奉公的文臣武将，或历经艰险、出使绝域之人。

议宾，主要指奉祀北周、杨隋皇室的后人及被尊为国宾者。

所谓"请"，是指上请皇帝裁夺。唐律规定"请"适用于皇太子妃大功以上的亲属、应议者期亲以上的亲属以及具有五品以上官爵的人。凡是"请"的对象犯死罪，司法机关不能处断，而只能将其所犯罪行及应"请"的理由奏达天听，由皇帝裁决。如犯流以下的罪行，就直接减罪一等。但又规定，如果所犯是"十恶"及反逆缘坐，杀人，监守内奸、盗、略人，受财枉法等重罪，则不能享有此项特权。

"减"则指依律减刑，包括了六品、七品文武官员，应请者的祖父母、父母、兄弟姊妹、妻、子孙。这些人犯流刑以下罪，各减一等处治，但死罪不能减免。

"赎"指以铜赎罪，针对应议、请、减之人和九品以上官及应减者的祖父母、父母、妻、子孙等对象。这些人犯了流刑以下罪，可以用铜赎免罪刑。

"当"则指"官当"，即以官品或爵位折抵所犯罪行。唐律的具体规定是：犯私罪者，以官当徒的，五品以上官，一官当徒 2 年；九品以上，一官当徒 1 年。犯公罪者，五品以上，一官当徒 3 年；九品以上，一官当徒 2 年。如果以官当流，则三等流刑折作徒刑 4 年。以官当徒、流，官小而罪重之人，余罪可用其历任官职折当，不足的余罪还可用铜赎免。

唐律中"议""请""减""赎""当"等制度的确立，从法律上保证了官员、贵族享有众多的特权，这对于维护官僚体制，进而巩固统治集团，具有重要的作用。这一不平等制度也为后世的王朝所继承。

唐律在总结、借鉴前代立法与司法经验的基础上，进一步明确和完善了传统刑法原则，使之更加系统化、定型化，如：

老幼废疾减免原则。《周礼》有三赦之法：一曰幼弱，二曰老耄，三曰蠢愚。唐律继承了西周以来所确立的恤刑原则，具体规定为：年 70 以上，15 岁以下及废疾，犯流罪以下，收赎；年 80 以上，10 岁以下及笃疾，犯反、逆、杀人应死者，上请；至于 90 岁以上、7 岁以下之人，虽有死罪，但不加刑。这些规定受到了儒家仁政思想的影响，毕竟这些群体在年龄与体力上都属于弱势的一方。

同居相隐不为罪原则。唐律继承了汉确立的"亲亲相隐"原则，并且在制度上进一步完备和健全。唐代相隐的范围已扩大至四代以内的亲属，甚至外祖父母、外孙、孙媳、丈夫兄弟及兄弟之妻、部曲及奴婢也在列。同时，相隐也不仅仅包括向有罪亲属通风报信，即使协助其逃亡也不定罪。这一原则毕竟有限度，并不适用于犯谋反、谋叛、谋大逆等三种"十恶"重罪，以有效维护专制皇权。

自首减免原则。《唐律疏议·名例律》规定：在犯罪行为尚未被发觉之时，嫌犯自行到官府认罪，就不再追究刑事责任，但要求如数退还赃物。如自首不实、不尽，则按其欺骗、隐瞒之罪进行处罚。但同时规定谋反等重罪，或造成严重危害后果的犯罪，如伤害、强奸、损坏官文书、私习天文历法等，则不在"自首原罪"之列。

区分首从原则。唐律把二人以上的共同犯罪称为"共犯罪"，对于一般性的共犯，以最先出谋划策之人为首犯；对于家人共犯，以男性尊长为首犯；若同监临、主守官共犯，即使是外人先造意，仍认定监临、主守官为首犯。区分首从的目的是实行首犯从重严惩、从犯减轻处罚的原则。但对于性质恶劣的共犯行为，如谋反、谋叛、谋大逆、强盗已行者，则不分首从，一律严惩。

划分"公罪""私罪"原则。唐律继承了《开皇律》的这一法律原则，将官员犯罪依其性质分为公罪和私罪。所谓公罪，指官员因公务而犯有罪愆且不涉私情者；而私罪则与公事无关，完全是个人的违法犯罪，或者在公事中掺杂着严重的个人动机。唐律规定，公罪从轻处罚，私罪从重处罚。这一规定既有利于打击官吏的贪赃枉法行为，又有利于官吏积极履行职责，提高国家机器的统治效能。

数罪并罚原则，唐律称作"二罪从重"，针对一人身犯数罪，主张采用合并论罪、以重罪吸收轻罪的原则。具体规定包括：二罪以上俱发，以重罪论，轻罪暂不计；所犯各罪相等，从一罪处罚；若一罪先发并已判决，后又发现他罪，但两罪相等的话，不再加刑；若后罪重于前罪，则通计前罪，以充后数。这种量刑体现了统治者重德轻刑的法治思想。

累犯加重原则。《唐律疏议·名例律》规定：对犯罪已经被告发、审判以及在刑罚执行期间又犯新罪者，因其社会危害性大，要加重处罚。

类推或比附原则，对于唐律没有明文规定的行为，仍然可以类推适用法律来定罪量刑。而适用比附原则的前提条件是，在唐律中无明文规定，但又须判定罪行的存在，如《唐律疏议·名例律》是这样解决的：对法律没有明文规定的犯罪案件，凡应减轻处罚的，则列举重罪的处罚规定，比照解决轻案；凡应加重处罚的，则列举轻罪的处罚规定，比照解决重案。例如《唐律疏议·贼盗律》规定：深夜里没有适当理由而侵入人家者，主人可以及时将其制服或击杀，于法勿论。若主人对深夜无故入其家者有所折伤，此举比"杀死"要轻，自然无罪，这就是"举重以明轻"。又如《贼盗律》还规定：凡是谋杀期亲尊长、外祖父母、丈夫、丈夫的祖父母及父母者，皆处以斩刑。如是已杀，显然比谋杀更重，当然也应处斩刑，这叫"举轻以明重"。这种类推比附原则印证了"法网恢恢疏而不漏"的古训，也体现了唐代刑事立法技术的高超水平。

涉外案件的处理原则。唐朝是一个开放性的国度，国际大都会长安、东都洛阳、扬州、广州等地有外国侨民数十万人之众，《名例律》中称为"化外人"。唐律因而明确了涉外案件处理原则：同一国籍的外国侨民在唐朝自相伤害的，按其本国法律处理，即所谓的属人主义原则；不同国籍的侨民在唐朝犯罪的，按唐朝的法律规定处罚，即所谓的属地主义原则。这一原则反映出唐朝统治者既尊重外国的风俗习惯，又要维护国家主权的法律意识。

三、"一准乎礼"的立法特点

《唐律疏议》的定本渊源于贞观十一年（637）的《贞观律》。在其制定以前，唐太宗通过多种途径来弘扬儒家学说。第一，设立弘文馆，招募、优待儒士。第二，大量培养儒生，积极地从人才储备的角度弘扬儒家学说。第三，规范儒家经典内容，编撰《五经正义》，宣扬主流意识形态。唐太宗弘扬儒家学说开花结果的一大体现，即在《唐律疏议》中较好地把儒家伦理与法律原则、制度、内容结合起来，形成了坚固而实效的法律伦理。这一点与制定者的法律和伦理素质有着十分密切的关系。据长孙无忌领衔奏呈的《进律疏表》显示，制定《唐律疏议》的人员一共是19人。其中，有17人直接具有法律背景，包括行使过立法、行政执法和司法、法律监督事务和法律教育等职责；另外两人则地位崇高，屡为国家立功，拥有较为丰富的治国理政经验。这些人法典编撰的经验比较丰富，其中长孙无忌、裴弘献等参与过《贞观律》的制定，长孙无忌还与李勣、于志宁、柳奭、段宝玄、贾敏行、刘燕客等参与了《永徽律》的制定。总体上来讲，他们的法律素质在唐初很高。同时，从两《唐书》的记载看，长孙无忌、于志宁、褚遂良等人娴于儒家学说，具有深厚的儒家伦理素养。长孙无忌虽为外戚，但好学深思，文史兼通，悟性高，颇有谋略；于志宁对儒家学说作了深入研究，前前后后参与了修撰法令，编纂《五经正义》、礼典及史书，皇帝赏赐甚丰；褚遂良博览群书，尤其擅长书法，受到欧阳询的指导与钦佩。正因为《唐律疏议》的制定者具备了法律素质与儒家学说的双重修养，并共同致力于法典制定工作，才造就了唐律"一准乎礼"的显著特征。

史学家陈寅恪指出："古代礼律关系密切，而司马氏以东汉末年之儒学大族创建晋室，统制中国，其所制定刑律尤为儒家化。"后世便将刑律儒学化的倾向延续下来，唐朝则集合历代礼法融汇之大成，有意识地在立法活动中强调礼的指导作用。《唐律疏议·名例律》在阐述五刑、八议等刑法原则之前，首先引出的是礼与刑的紧密关系：德与礼是国家政教的根本，而刑法乃国家治理的辅助，就像晨与昏、春与秋这样构成节令时序，相须而成。早在贞观之时，"不世出之人杰"——唐太宗慨然以推行仁政为己任，倡言为国之道必须抚之以仁义，示之以威信，才有利于长治久安。魏徵也是直接强调从纲常伦理的角度去断案：凡是受理诉讼断案，必须考虑到父子之亲、君臣之义，以忠孝为准，要有个轻重缓急的度。因此，唐律的制定者深知必须以礼为依托，法律才能确立威严并长行不辍。

如前所言，《唐律疏议》中的疏议部分作了比较全面而准确的解释，其中一个常见的内容就是指出该律条所设置的礼的依据。因此，唐律中每一款重要的律文，几乎都有坚实的礼制支撑。仅在"五刑"条的注解中，就引用"三礼"、《尚书》、《左传》、《公羊传》、《尔雅》等儒家经典多达十余处。通过疏议对礼的指导作用的阐述，礼与律在各条款中的普遍结合，甚至使二者达到了互相交融的地步，促使律更能充分体现唐朝统治阶级的意志和愿望。

不过，礼所维护的对象与严重罪行之间难免产生冲突。根据礼的精神和皇权政治的需要，唐律规定一部分人可以享有一定的司法特权，并按照其享有的不同特权作了明确规定，分为议、请、减、赎和当等。但是，若这些享有司法特权的群体目无君上、败坏名教、伤天害理，唐律没有选择任何退让，而是采取相应对策，设法解决这一矛盾：把享有的特权控制在合理范围内，以不损害皇权、统治阶级的根本利益和不对社会秩序构成严重危害为度。若超过此限，特权不再"特"，犯罪者仍须用刑"伺候"。这也是之所以设立"十恶"的目的。

礼统一了唐朝社会的思想，柔性规范了人们的行为，加深了臣民对律的理解。礼教所强调的"君臣父子夫妇之道"在唐律中无处不在，最重要的当推"君为臣纲"。皇权是整个国家的最高权力，皇帝享有最大的特权，他一人独揽了最高立法、行政和司法三大权。唐代各时期的立法工作皆由皇帝责令宰相组织领导，编撰或修订工作完成后要汇报上奏，然后颁布诏书以推行，同时唐律规定可引皇帝制敕来断狱。这些都是皇帝掌有制定、修改国家法律决定权的重要体现。《唐律疏议·职制律》"官有员数"和"官人无故不上"，《唐律疏议·诈伪律》"诈为制书""对制奏事上书不以实""诈为官文书增减""诈假官假与人官"等条体现了皇帝在国家行政的组织、运行和决策等方面的最高行政权。《唐律疏议·斗讼律》"邀车驾挝鼓诉事"，《唐律疏议·断狱律》"闻知恩赦故犯""死囚覆奏报决"等条规定皇帝享有直诉受理、死刑复奏和恩赦决定诸权，并以此来确认他的最高司法权。除了熟悉的《名例律》"十恶"条中的规定，《卫禁律》几乎专为维护皇帝和皇权而设，所谓"敬上防非，于事尤重"，故列于分则各篇之首。至于"官人从驾稽违""漏泄大事""稽缓制书官文书""被制书施行有违""受制忘误"等条是严惩官吏懈怠君命、不守人臣本分的条款。这些通过唐律所确定的权力皆是皇权至高无上的最佳写照。

在"君为臣纲"的指引下，"父为子纲"的成立理所当然，所谓"求忠臣于孝子之门"。在"十恶"条目中，有4条涉及尊长、家长权威的维护和家族内部秩序的约束，即四曰恶逆、七曰不孝、八曰不睦、十曰内乱。这几恶的具体内容已在上文作了交代，其中"恶逆"一条最重：犯恶逆者，属于穷凶恶极，背弃天理人伦，不可通过大赦而免罪，在执行判决时不得迁延。"不孝"一条在表面上显得稍轻，但针对的是子孙在祖父母、父母生前身后没有尽到孝行，所以惩处不轻。"不睦"一条涉及谋杀、拐卖、殴打或告发较为疏远的亲族，"内乱"一条是对家庭出现奸情的讳言，这些罪行都是触犯"父为子纲"一条的延伸。

夫妻关系有时被认为是五伦之首，唐律在《户婚律》《斗讼律》《职制律》等篇中设立了不少维护夫权的条款，使男尊女卑的礼制有了法律保障。妻杀夫的罪行被纳入十恶中的"恶逆"一条，而夫杀妻则论如普通杀人案；妻告发丈夫入十恶中的"不睦"，疏议给出了礼制依据：丈夫乃妻子之天，故妻子告发丈夫叫作不睦。比如"匿父母夫丧"条规定，妻子听到丈夫的死讯，但不为之举哀服丧的话，流2000里；在守丧的3年中不穿丧服或作乐者，徒3年；观看杂技戏耍的话，处以徒1年；

要是遇到乐舞而观赏或参加喜庆活动者，都处以杖100。"义绝离之"条规定：妻妾擅自离开丈夫及家庭者，处以徒2年；因之而改嫁他人，则罪加二等，疏议部分严肃指出：妇人服从于自己的丈夫，不可自行做主，即使与夫家兄弟见面，迎送都不能迈过门槛。"妻无七出"条的具体内容为：一无子，二淫逸，三不事舅姑，四口舌，五盗窃，六妒忌，七恶疾，这些都是礼、法对已婚妇女人权的双重压榨。"居父母夫丧嫁娶"条规定，妇女在为丈夫守丧期间而出嫁者，徒3年，疏议解释道："丈夫为妻子之天，没有再嫁之理。""谋杀故夫父母"条规定：凡是妻妾谋杀其前夫的祖父母、父母的，发觉后，处以流放2000里；已经伤害到身体的，处以绞刑；已经杀掉了的话，则其人处斩。"殴伤妻妾"条规定：凡是丈夫殴打并使其妻受伤者，减殴打普通人之罪二等来处罚；妻子被丈夫杀害了，则按普通的杀人罪处置。这种奇怪的不平等现象在疏议中作了解释：妻也就是齐，与其丈夫同体，就像子女从属于丈夫一样，所以减普通人殴伤之罪二等处罚。相反，在"媵妾殴詈夫"条又规定：妻子殴打丈夫，处以徒1年；若受伤严重，加普通斗伤三等以处分，如原应处以杖100的，则改为徒2年。这些贬低女性地位甚至戕害女性权利的条款无不以礼教为基础，时刻灌输着"夫为妇天"

的理念。

在礼制的引导下，唐律以刑为主，秉持古今之平。中国古代法典自《尚书·吕刑》、李悝《法经》开始，一直带有以刑律为主要内容的特点，即使到了隋唐时期，刑律依然处在核心地位，同时涵盖户籍、婚姻、继承、财产、债务等民事以及行政、诉讼等方面的法律规范。唐律从头到尾都是"正刑定罪"的条款，"卫禁""职制""户婚""厩库""捕亡""断狱"各篇都指的是该领域内的有关犯罪规定，而"擅兴""斗讼""诈伪""贼盗"诸篇本身就是罪名，可见唐律各篇的划分与犯罪事实相统一。在各个条款的表述上，一般包括了罪名、罪状与法定刑三部分，罪名与罪状也表现出多个层次，而且这两者后面都会规定相应的刑罚。同时，我们不要把唐律中惩罚性的内容与存在于唐律之外的大量典章制度混淆起来。

这种结构特点的形成，离不开产生它的历史土壤，这是由占统治地位的封建社会自给自足的自然经济决定的。同时，在宗法制度的统治和影响下，传统礼制和习惯成了调整民事法律关系的主要依据，从而导致民事等方面的立法不够发达，也很难成为独立的法典。并且，对涉及户籍、婚姻、继承、财产、债务等民事纠纷以及行政上的违法行为，法司的审判仍以刑罚手段为主，这正是王朝政治专制特色的一大体现。

与历代律典相比，唐律以其科条简要、用刑持平收获了"得古今之平"的赞誉。秦汉法律以繁杂著称，尤其秦"皆有法式"，事无大小均力求法条化，使人动辄得咎，所以有"虎狼之秦"的说法。汉武帝之后，在原有的法令之外，仍大力实行因一事而立法的做派，同时举国流行着"春秋折狱""经义决狱"，笃信"以经治国"的风气，导致司法实践比较杂乱。进入魏晋以后，法律内容逐渐趋于简化，但依然繁缛不堪，甚至打算在某些场合复活肉刑制度。唐朝统治者吸取了以往的立法经验与教训，树立"国家法令，惟须简约"的指导思想，在隋《开皇律》的基础上，加大力度删繁就简，最终定律 12 篇 500 条，并且做到了科条简要、律文精炼的特点。

不仅如此，唐律在德为本、刑为用思想的指导下，用刑上追求务在宽平。"用刑持平"的特点在许多方面都有体现：首先，从刑罚体系看，唐人的笞、杖、徒、流、死的五刑体系中，各个刑种均独立使用，一般没有附加之刑，行刑规范，死刑也限定于相对文明的斩、绞两种。这无论与之前的秦汉相比，还是与此后的明清相比，都是十分平和的刑罚。其次，从死刑的规定看，唐律与前后各朝代相比，不仅条数减少，施行也更为审慎。如前所言，在初唐奠定的法制基础上，唐律实现了"比古死刑，殆除其半"的成就，至于专制主义顶峰时期的明、清两代更不如唐律简省。同时，贞观时期就确定了死刑的三复奏、五复奏制度。最后，从量刑幅度看，唐律也比前后各代相对轻缓。以谋反罪为例，唐律规定本犯处斩，秦汉则或具五刑，或腰斩，明清则处凌迟。对于连坐亲属，唐律规定其范围仅包括其父和16岁以上之子处死，15岁以下之子及缘坐妇女没为官奴婢。至于秦，则夷三族，汉代不分老少皆弃市，明清则不论老疾，成年男子一律处斩，并将连坐范围扩大到父族、妻族、一切同居之人及知情者。

《唐律疏议》还有一大特点体现在量化技术的运用方面。唐律条款运用了众多的量化单位，尽可能充分而全面地采用精确的手段，对犯罪的实际情形作出细致的数量评判。如涉及贪污、受贿、盗窃、勒索、诈伪等犯罪行为，基本都折成绢的匹、尺等单位来计算；犯罪行为持续时间的长短直接影响犯罪结果的，则用日、宿作为计量单位。此外，还有人、口、头、亩、斤、里、条等。唐律还使用等级递增的形式来量化某些犯罪行为的性质、情节的轻重，如州县乡里、亲属远近、官员品级等。并制定量化的量刑参数，从最低的刑罚标准渐渐递增到本罪处罚的极限，并始终以"五刑"自身的量化作为前提。这一套量化技术还被全面而有力地用于监督官吏的勤勉及奉公守法，尤其在防范经济犯罪上很周密。总之，唐律比较成熟地运用量化技术去办案，不仅有利于定罪量刑，缩短办案周期，提高办案效果与准确性，对及时打击和制止犯罪、促进社会秩序稳定也有很大的助益。

《周礼》上说"刑平国用中典"，唐律就是古代法制史上以中典治国、用刑持平的榜样。

四、泽及后世：在中国法制史上的地位

公元 907 年，纵横捭阖的大唐帝国寿终正寝，但唐代的法律成就并没有随之走出历史。五代时期，无论是取唐而代之的后梁，还是尊唐朝为正统的后唐，乃至后晋、后汉、后周，无不奉《唐律疏议》为正式法典。梁太祖开平三年（909）十一月，诏太常卿李燕、大理卿王鄯、刑部郎中崔诰等人共同删定律令格式，次年十二月，宰臣薛贻矩奏称："太常卿李燕等人重新刊定律令 30 卷，式 20 卷，格 11 卷，目录 13 卷，律疏 30 卷，总计 5 部 11 帙，共有 103 卷，并定名为《大梁新定格式律令》。"

这次修成的律令格式四典以及疏义，在卷数与体量上与唐玄宗开元二十五年（737）所完成的十分接近。不过，本次编撰工作恐怕只是更换朝名官称、增删避讳字词及订补少量的法律条文而已。当时，大理卿李保殷还奏呈所撰《刑律总要》12卷。

后唐的国君们自认为是唐朝的正统继承者，而从方方面面继承唐朝遗产是自己的"家事"。后唐庄宗同光元年（923）十二月，御史台上奏：当司与刑部、大理寺保存的本朝法书，自从朱温盗国以来，作了一些不合理的删改，要不以货财为重，要不草菅人命，因而导致刑罚枉滥。朝廷三司如今收贮的刑书，都是经过伪梁删改的。并且，朱温曾向诸道追索本朝法书并焚毁，或经兵火之后，旧本荡然无存，只有定州敕库所存比较完整，请敕定州节度使速写副本进纳，俾使刑法令式能够契合本朝旧制。庄宗同意了此奏，没多久定州王都便呈上唐朝格式律令，总计286卷。同光二年（924）二月，刑部尚书卢价奏上《同光刑律统类》13卷，"刑律统类"一名也是因循自唐朝。宋代的私人书目《直斋书录解题》法令类记录了《唐令式》一条，并专门注明在后唐同光时期曾作过校理。天成元年（926）九月，御史大夫李琪建议应当废除伪梁的新格，行用本朝旧章。从记载看，朝廷接受了李琪的建议，同月敕令：废除后梁的法制，施行本朝自己的格令。

这里的"本朝"就是唐朝,"格""格令"是当时对律令格式等法律的简称。

后周显德四年(957),中书门下奏称:"今日朝廷所行用者,有律12卷,律疏30卷,式20卷,令30卷,《开成格》11卷,《大中编类》12卷,后唐以来至后汉末的编敕32卷及本朝制敕等,折狱定罪,无出于此。"这里明确指出后周使用的法律有不少来自唐朝的律令遗产等。于是,决定下令重纂。显德五年(958)七月,侍御史知杂事张湜等完成《大周刑统》21卷。即使在《大周刑统》编纂完成后,《唐律疏议》也没有被废弃,而仍准许使用。此外,还需说明的是,《大周刑统》虽是后周自己编纂的新法典,实际它的内容多数源自《唐律疏议》,仅对《唐律疏议》的疏议部分作了一些删节。这些说明五代十国各个政权会根据自己的情况,对唐朝及其他法典涉及的帝号、国讳、皇帝生辰及节假日等作一些符合时代的修改。

天水一朝创立后,很快就编纂完成了本朝的法典——《宋刑统》。《宋刑统》是《唐律疏议》之后流传至今的又一部基本完整的古代法典。这部法典的编纂者说,他们是在前朝《大周刑统》的基础上展开工作的,但与之不同的是,较完整地恢复了被《大周刑统》删节的唐律内容。若将《唐律疏议》与《宋刑统》进行比对，我们会发现两者律文基本一致；疏议部分除了删去仁井田陞等所说的《律疏序》和其他篇目疏议，个别地方根据宋朝情况有所省略外，其他部分基本相同。所以，编纂者的坦陈直言符合实情。据《宋会要辑稿》，宋人立国之初除用唐朝律令格式外，同时参用《元和删定格后敕》《太和新编后敕》《开成详定刑法总要格敕》，后唐《同光刑律统类》《清泰编敕》，晋《天福编敕》，周《广顺续编敕》《显德刑统》等法典。其实，唐代的律令格式一直行用到神宗元丰朝，并不仅限于宋初。宋人一方面沿用唐五代以来旧法典的有效内容，当然也采用修纂编敕的方式，制定颁布自己的法典。

作为宋代普通法的编敕自《咸平编敕》起，其编纂体例以《唐律疏议》的 12 篇为篇目。在编纂颁行《宋刑统》的同时，下令废止了作为蓝本的《大周刑统》，这 21 卷法典不再适用。令人惊喜的是，《唐律疏议》却未被同时宣布废止，仍然收藏于官府，以备查检。这意味着《唐律疏议》仍然允许在司法实践中予以适用。当然，这并不意味着《唐律疏议》与《宋刑统》具有同等的法律地位。事实上，《唐律疏议》之所以没被废止，显然因其与《宋刑统》具有内容上的一致性有关。因此，它的法律影响力则来自《宋刑统》的加持，是对《宋刑统》的一种补充。除了《唐律疏议》对宋代社会现实的影响之外，据宋人关于《淳化编敕》的记载，宋太宗曾以开元二十五年（737）所定令、式编成淳化令、式。天圣四年（1026），宋仁宗命人对唐令进行修订，参以新制，完成了《天圣令》30卷。

女真人建立的金王朝其政治中心一直在北方，并与周边政权形成抗衡之势，但在学习沿用《唐律疏议》这一点上与五代赵宋不分轩轾。金章宗泰和元年（1201），修成了《泰和律义》，该法典计有12篇：一曰名例，二曰卫禁，三曰职制，四曰户婚，五曰厩库，六曰擅兴，七曰贼盗，八曰斗讼，九曰诈伪，十曰杂律，十一曰捕亡，十二曰断狱。其实，好多内容是唐律的翻版，只是在量刑上有所改动，如赎铜加倍；将徒刑增加到7年。删削不合时宜的唐律47条，增加便于使用的法条149条，其中略有所改动的是282条；其余的126条，都服从唐律的旧文，再加上对部分条款的分析，总计563条，合为30卷。同时，模仿唐律的注解方式，通过疏议阐发其中疑惑，特此取名为《泰和律义》。金人改创的这部法典与《宋刑统》相比，对《唐律疏议》的变化修改之处要更多一些，但基本面貌仍然沿袭了《唐律疏议》，所以才有"实唐律也"的说法。

而且，金朝一并修了大量的令，自《官品令》《职员令》之下，计有《祠令》48 条、《户令》66 条、《学令》11 条、《选举令》83 条、《封爵令》9 条、《封赠令》10 条、《宫卫令》10 条、《军防令》25 条、《仪制令》23 条、《衣服令》10 条、《公式令》58 条、《禄令》17 条、《仓库令》7 条、《厩牧令》12 条、《田令》17 条、《赋役令》23 条、《关市令》13 条、《捕亡令》20 条、《赏令》25 条、《医疾令》5 条、《假宁令》14 条、《狱官令》106 条、《杂令》49 条、《释道令》10 条、《营缮令》13 条、《河防令》11 条、《服制令》11 条，后面附上年月，号称《律令》20 卷。如上，这些令的名目袭用唐朝的不在少数，可以说，金朝律令体系是一次对唐代法制的礼赞。

历史的车轮辗转到了元朝这一站，这是一个不同寻常的王朝，在国家治理诸多方面都有自己的个性。此前，《唐律疏议》不仅对北宋、金等朝的法典编纂产生决定性影响，而且在生活中具有较高的法律效力。到了元朝，忽必烈一统天下后创建新制，下旨停用金朝的《泰和律》，就像宋初弃用后周的法令一样，这导致了包括唐律在内的一些旧律被逐渐废止。表面上，《唐律疏议》退出了现行法的行列，然而，略显仓促的元朝始终没有效法前朝编撰、颁布自己的律典，毕竟体系完备、法条缜密的《唐律疏议》仍不缺乏可供挥洒的空间。泰定四年（1327），柳赟在为《唐律疏议》撰序时说，他曾担任礼官，参预朝政，看到小吏抱着一部法典置于桌前，口称律条应该如此而不当如彼，条理清晰，滔滔不绝。即使是很有辩才的人也俯首同意，无人发一语驳正。按视法典时，才发现引证的以唐律为主，并参用元朝各项敕令，以符合国情典制。他继续评价道，之所以选择唐律，乃因其得古今法制的大成，值得后来者好好吸收、借鉴。元代的《至正新格》20 篇，同于唐律的有 9 篇，其他如八议、十恶、官当之制，都是沿袭唐制。因此，泰定年间刊刻的《唐律疏议》进而成为今天多种版本《唐律疏议》的祖本，而至正刊本的《唐律疏议》也属于泰定版系统。这些元朝刊刻的《唐律疏议》的面世，也是唐律价值的异世重光，因其较强的实用性而被再次"惦记"，无论是"制民为义"，还是防止"罔民为厉"，积极地发挥着它的规范功能。

处在帝制晚期的明、清两朝在律典、礼制方面皆有大制作，《唐律疏议》于此时退出现行法的行列，甚至很多时候藏于秘府，世人罕得一见。即便如此，《唐律疏议》的影响仍未完全湮没。以明律为例，自其立国之始，《唐律疏议》就是其制定时的重要参考。比如，明律的最初制定者李善长就公开说："历朝历代的法律都以汉朝的九章律为宗，到了唐代才集大成，我们立法应以唐律为榜样。"为了制定一部优秀的律典，洪武元年（1368）明太祖下令儒臣四人与刑官一起讲解唐律，每日进讲 20 条。洪武七年（1374）《大明律》撰成，其"篇目一准之于唐"，并利用唐律部分内容补充了 123 条。即使后来《大明律》体例发生变化，就其内容来说，仍以唐律内容为本。清初在其法律制定中，也曾参考过《唐律疏议》，又因其基本承袭明律，因而便在事实上延续了《唐律疏议》的影响。所以，薛允升说，在运用大清律时，增加的法律解释中已采用唐人的疏议形式。沈家本也直言清朝在制定自己的法律时，与唐律大同小异的法条有 400 多道。大儒孙星衍在《重刻故唐律疏议序》中指出，若不认真研读唐律，就不能了解先秦以来历代律令的沿革与流变。

中华法系是中华民族共同智慧的结晶和创造，《唐律疏议》便是中华法系的杰出代表。晚清修律以后，中华法系暂时解体了，但没有消亡殆尽，其中一些基本精神和价值仍是中国法制文化生存和发展的要素。有的学者敏锐地提出，要在新的历史条件下重塑中华法系，但不可简单地复古，而是要创造性地继承、发展。重建中华法系，建立具有中国特色的法律体系和法治模式，不仅要吸收国外先进的法律理论和制度，还需要汲取中国几千年的法制文化传统的精髓。这就需要我们加强对中国古代法制，特

别是对古典中华法系的核心——唐律的研究，而通过对唐律研究
为重建新中华法系提供法律和文化的传统资源，应是当代研究者
当仁不让的职责和义务。

第三章

唐令的缤纷面貌

一、唐令的地位

古人说："令，教也，命也。"汉代的杜周作了细致区分："前主所是著为律，后主所是疏为令。"也就是法的不同层次而已。令与律一样都是唐朝的基本法，但在具体执行中，令属于指导国家行政管理和民众日常生活的制度规范。律、令两者间的关系可以追溯到西晋，当时已经制定律典20篇、令典40篇，并明确指出在法律效力的层面上，律是稳定的重在惩戒的刑法，而令则属于因时制定的权宜之策，而律可以对"违令有罪"的行为进行处罚。正如杜预所强调的：两者相辅相成，彼此依靠配合，这一定性一直延续到律令运用成熟的唐代。而日本明法家在注解源自唐令的《养老律令》时，也称令预防着未发生的情形，而律用于惩治已发生的罪行。至于北宋神宗时期还认为令用于预防未遂的社会情况，仍然带有前朝的认知痕迹。不过，到了唐宋时期，令乃权宜之策的认识逐渐削弱，令与律处在司法实践分工有序的平等地位上。

唐自开国之初便制定了武德令，此后历经多次删改、更新，计有贞观、永徽、麟德、仪凤、垂拱、神龙、太极以及开元七年（719）、开元二十五年（737）修订的令。在不到120年的时间里，唐朝颁布了近10次新令。当然，其中有不少仅仅作了局部改动，同时因君主的不断更替以及政治的变化而屡次颁行新法。庆幸的是，唐玄宗下令修撰的《唐六典》里比较完整地保存了开元初期令的篇目。

在《唐六典》刑部这一卷，列举了30卷27篇令的名称，"一曰《官品》（分为上、下），二曰《三师三公台省职员》，三曰《寺监职员》，四曰《卫府职员》，五曰《东宫王府职员》，六曰《州县镇戍岳渎关津职员》，七曰《内外命妇职员》，八曰《祠》，九曰《户》，十曰《选举》，十一曰《考课》，十二曰《宫卫》，十三曰《军防》，十四曰《衣服》，十五曰《仪制》，十六曰《卤簿》（分为上、下），十七曰《公式》（分为上、下），十八曰《田》，十九曰《赋役》，二十曰《仓库》，二十一曰《厩牧》，二十二曰《关市》，二十三曰《医疾》，二十四曰《狱官》，二十五曰《营缮》，二十六曰《丧葬》，二十七曰《杂令》"，总计1546条。从这些令的篇目来看，官僚组织方面的令占据了头部地位。

虽然秦汉时已有制令的记载，但唐之前令的篇目较为完整保存下来的，仅有贾充等人所撰的晋令40篇、蔡法度等人所撰的梁令30篇以及隋开皇令。我们列举晋令篇目如下：一、《户》，二、《学》，三、《贡士》，四、《官品》，五、《吏员》，六、《俸廪》，七、《服制》，八、《祠》，九、《户调》，十、《佃》，十一、《复除》，十二、《关市》，十三、《捕亡》，十四、《狱官》，十五、《鞭杖》，十六、《医药疾病》，十七、《丧葬》，十八、《杂上》，十九、《杂中》，二十、《杂下》，二十一、《门下散骑中书》，二十二、《尚书》，二十三、《三台秘书》，二十四、《王公侯》，二十五、《军吏员》，二十六、《选吏》，二十七、《选将》，二十八、《选杂士》，二十九、《宫卫》，三十、《赎》，三十一、《军战》，三十二、《军水战》，三十三至三十八皆《军法》，三十九、四十皆《杂法》。而宋、齐诸令与晋朝略同。

南朝梁初期，朝廷命蔡法度等人编撰了梁令30篇：一、《户》，二《学》，三、《贡士赠官》，四、《官品》，五、《吏员》，六、《服制》，七、《祠》，八、《户调》，九、《公田公用仪迎》，十、《医药疾病》，十一、《复除》，十二、《关市》，十三、《劫贼水火》，十四、《捕亡》，十五、《狱官》，十六、《鞭杖》，十七、《丧葬》，十八、《杂上》，十九、《杂中》，二十、《杂下》，二十一、《宫卫》，二十二、《门下散骑中书》，二十三、《尚书》，二十四、《三台秘书》，二十五、《王公侯》，二十六、《选吏》，二十七、《选将》，二十八、《选杂士》，二十九、《军吏》，三十、《军赏》。其实，梁令的数量虽不如晋令，但在篇目上多有重合。北魏、北齐也都制定了令，但篇目阙载。

开皇初，隋文帝命高颎等人撰令30卷，篇目分别是：一、《官品上》，二、《官品下》，三、《诸省台职员》，四、《诸寺职员》，五、《诸卫职员》，六、《东宫职员》，七、《行台诸监职员》，八、《诸州郡县镇戍职员》，九、《命妇品员》，十、《祠》，

十一、《户》，十二、《学》，十三、《选举》，十四、《封爵俸廪》，十五、《考课》，十六、《宫卫军防》，十七、《衣服》，十八、《卤簿上》，十九、《卤簿下》，二十、《仪制》，二十一、《公式上》，二十二、《公式下》，二十三、《田》，二十四、《赋役》，二十五、《仓库厩牧》，二十六、《关市》，二十七、《假宁》，二十八、《狱官》，二十九、《丧葬》，三十、《杂》。显然，隋朝较完整地吸收了前代令的构成，并作了内容上的调整与合并，这对唐代产生了直接影响。而且，《官品令》《户令》《田令》《祠令》《丧葬令》等称谓十分稳定，也是官本位及国家编户齐民政策的集中体现。

唐前期令的修撰都有相应的宰臣负责，武德中裴寂等人在修律的同时也撰令。至贞观初，又令房玄龄等人刊定。麟德中源直心、仪凤中刘仁轨、垂拱初裴居道、神龙初苏瓌、太极初岑羲、开元初姚元崇、开元四年（716）宋璟刊定令文。但是，唐后期缺乏前期那样较频繁而有计划地编撰令典的环境，只是对令文作了符合实际需求的补充和删改。在开元二十五年（737）令之后，唐肃宗和德宗时都曾组织过律令格式的整理工作，并将各令与开元二十五年（737）令的矛盾之处作了调整，尤其"建中令"对此前《官品令》有所更改，《假宁令》也增加了新内容等。同时，

"著于令"或"入格令"的说法在唐后期经常出现。

应该说，令设计了一种行为模式——所谓"令有禁制"，即必须做什么或者禁止做什么。律则对于违反令文规定的行为予以量刑定罪，于是立法者便在《唐律疏议·杂律》中设计了一条兜底性的条款，名曰"违令"条。凡是违反"令"的明文规定而又没有相应的专门律条进行惩处者，则将被处以"违令罪"，量刑的话则适用"笞五十"的刑罚。因此，"违令有罪则入律"体现了律令之间的核心关系。

除了律和令的紧密关系外，唐令与唐礼之间的关系既紧密又复杂，应当给以特殊关注。首先，令与礼在内容上有相通或相同的倾向，要不表现为两者所规范的可高度衔接，或者同一规范在礼、令中皆安排了相应条目。这一倾向集中体现在开元二十年（732）完成的《大唐开元礼》中，其中的序例部分被认为简要收录了从《祠令》《卤簿令》《衣服令》《仪制令》《丧葬令》乃至《假宁令》的许多条文。就重要性而论，残存唐令中的《祠令》《衣服令》《仪制令》《卤簿令》《乐令》《假宁令》《营缮令》《丧葬令》等，都可与吉、凶、宾、军、嘉五礼内相对应的篇章复原，不过这取决于礼令关系的研究力度。

礼与令之间表现出源与流、主与次、重与轻的关系：一是凡礼中所有者，均著于令；二是礼所不载者，不著令。比如，唐代在举行封禅、南郊祀典、巡陵、明堂享祭等之前，都会命朝官撰写仪注。大体上讲，仪注就是即将行用的礼仪，每次举行大礼之前，总要命令太常寺等专门机构先撰仪注。仪注是某项礼典中的具体程序，保证仪式上的一进一退、一登一降之间尽显庄严。而我们今天能够看到的唐礼的主要部分，其实也是仪注。有鉴于此，与礼相关的令，在一定程度上是礼在先、令在后，令只是礼的转述，总是依附于礼的。而在影响、决定令的面貌方面，与具有实质内容的礼比较而言，仪注扮演的角色稍逊一点，但对令的编撰和执行仍发挥着指导作用。所以，仪注与令保持着不浅的亲缘关系，对于唐令的复原也十分有益，尤其唐前期的仪注是许多令文编撰的基础。

因此，在唐令佚失严重而唐礼保存相对完整的情况下，我们应发挥才智去揭示唐礼与唐令两大规范体系之间的复杂关系，这不仅可以为唐令复原提供线索，而且有助于唐令遗文的二次发现。

二、唐令的复原

唐令在宋金时期还存在着一定影响，但元以后加速了消亡，只是在一衣带水的邻邦那里还残留着不少。古代日本在大化元年（645）曾推行"大化革新"，仿照唐代中国的各项制度，建立起中央集权的律令制国家，并于8世纪初先后制定了以唐代律令为蓝本的《大宝律令》(701)，并在此基础上修订了《养老律令》(718)，后者曾有效施行了200年左右。虽然《养老律令》没有完整保存下来，但大部分见于现存的天长十年（833，唐大和七年）成书的《令义解》中。而平安时代初期明法家惟宗直本下了功夫裒辑诸家解说，于元庆四年（880，唐广明元年）修成《令集解》一书，它也保存了不少《养老律令》的内容。

中华国家制度经过长期演变，到唐代已是条贯折中、集其大成。日本则不同，大化改新前的社会处于贵族专权时期，急需建立新的政治秩序，确立以天皇为至尊的中央集权制国家。令既然是中央集权的封建国家制度的法律架构——"盖令者，尊卑贵贱之等数，国家之制度也"——所以能够担负这一重任，何况经过唐代的实践已取得了出色效果。因此，日本当时新旧势力的斗争焦点都集中于令的存废上，而维系着政治制度和社会秩序的律、格、式在急迫性上自然不及令。可以说，日本优先关注唐令乃势所必然，但律、令、格、式作为统一的唐代法律体系还是被先后整体地移植到了日本。

在唐令的传播方面，日本这种接受和变通的特点同时表现出来。若以日本《养老律令》与唐代的"开元前令"作比较，就可看出两者在编目名称上大体一致，然而在个别细节上又有许多差异，如唐代的《官品令》在《养老律令》中称《官位令》；唐令中将官僚职员分作三师三公台省职员、寺监职员、卫府职员、州县镇戍岳渎关津职员、内外命妇职员诸令；《养老律令》对中央官僚则未做深入区分，统称为《职员令》，但另列有后宫、东宫及家令三种职员令。日令中的后宫相当于唐令的"内外命妇"，"东宫"相当于唐代的"寺监"，"家令"相当于唐代的"王府职员"，故形式上发生了变化。同时，在篇目的排序和数量上也有所不同。概括地说，日本律令比唐律令要更简略和地方化一些，主要由古代日本社会的发展状况而造成的。

日唐律令的保存状态如实再现了中日学界对律令法认知上的差异：一方面，日本的《大宝律令》已不复存在，《养老律令》仅约存全部的四分之三；另一方面，中国的律由于《唐律疏议》而全部得以流传至今，但令几乎全部失传。因此，在研究日令时，将其与唐令进行一番比较、对照是一项重要工作。但是日令的母法——唐令已失传，这便给研究带来了一些阻碍。为此，唐令复原研究不仅是唐代史研究而且是日本古代史研究中不可缺少的课题。

幸运的是，流传下来的《养老律令》里有不少条文或直接袭用、或参照唐令而制定的，这为唐令复原提供了先决条件。日本学者中田薫最早利用了《养老律令》展开唐令的复原研究，主要涉猎了唐令、日令中三篇重要的令文——《户令》《田令》与《赋役令》，引导了唐令复原研究和唐日法制比较的先声。20多年后，仁井田陞在其指导下，遍阅中日典籍，继续进行广泛而深入的唐令复原研究，于 1933 年完成并出版了《唐令拾遗》这一巨构。仁井田陞从包括经史子集在内的中国文献 64 种、日本文献 11 种内一共查找、复原了唐令 715 条，约为原本唐令1500 余条的二分之一。这不仅是日本唐代学界的重大成就，也对我国的唐史、古代法制史研究产生了积极助推。仁田井陞大力开拓了前人鲜有问津的领域，在日本的中国法制史研究方面留下了硕大的足印。

《唐令拾遗》是仁井田陞集合数代学者的研究大成，通过对中日古籍的长期搜集、整理，并以日本《养老律令》为参照系辑录而成的。日本的大宝、养老两令是以唐代永徽令为直接蓝本的，这已是多年来法制史学界的共识。因此，我们可以从永徽令中探知，其篇名甚至篇次也一并是日本令的原型。该书将复原的唐令715条分为33篇，篇名依次为：《官品令》《三师三公台省职员令》《寺监职员令》《卫府职员令》《东宫王府职员令》《州县镇戍岳渎关津职员令》《内外命妇职员令》《祠令》《户令》《学令》《选举令》《封爵令》《禄令》《考课令》《宫卫令》《军防令》《衣服令》《仪制令》《卤簿令》《乐令》《公式令》《田令》《赋役令》《仓库令》《厩牧令》《关市令》《医疾令》《捕亡令》《假宁令》《狱官令》《营缮令》《丧葬令》《杂令》。可见，如上篇目受到了《唐六典》记载的直接影响。这些令文涵括了唐代政治、经济、社会的方方面面，对于唐代典章制度研究具有重要的资料价值。

在复原唐令的过程中，仁井田陞考虑周全，将魏晋以来乃至元明诸令中凡与唐令有关或相似者，都作为参考而附列于唐令之后。因此，本书的实际内容远远超出了唐令的范围，对于研究唐以前及唐以后令的发展演变，了解各朝代的政治、经济、法律、军事、文化等各种制度同样具有重要价值。仁井田陞对这些资料以按语形式作了详细而缜密的考证，附在每条令文下的按语有的给出复原依据，有的说明资料顺序，有的阐述资料价值，也有的进行多种资料的对比，可以说是字斟句酌，言之有据。作者还以近百页的篇幅对唐令形成、发展的历史以及编纂《唐令拾遗》所选用的资料作了系统论述，并提供了唐日两令的对照表，既直观又实用。1989年，由栗劲等将该书译成中文出版，其他一些后续研究成果也相继被译介到国内，促进了我国的唐令及唐代法制史研究。

在《唐令拾遗》出版之后，其他学者也纷纷加入唐令复原研究的队列，同时对《唐令拾遗》提出了许多修改、补充意见。仁井田陞也拟定了《唐令拾遗补》的计划，可惜壮志未酬而病逝于1966年。为实现他的未竟之志，池田温教授等学者汇聚了中、日等国50余年的研究成果，历经10多年的精心考订、编辑，完成了《唐令拾遗》的修订与增补，于1997年以《唐令拾遗补》为名正式出版。这部多达1500页的鸿篇巨制，可以说是对20世纪唐令研究近百年成果的一次全面总结，为唐令研究的未来打下了坚实的基础。

唐令复原研究获得了上述重大成就，但其复原所据的基础主要是各类传世典籍中的唐令逸文。从技术上看，这些所复原的唐令大致分为两类：一是唐日文献中明确标为"令"的条款，二是参照日本《养老律令》而在唐代典籍中寻找规范意义相当的"取意文"。无论是明标为"令"的条文，还是"取意文"，都可能因文献的差别、编纂者的不同而对唐令原文进行修改，导致其失去原貌。因此，各篇令文大都不完整，许多条文有缺略或非原文文字，尤其是经济、财政方面的令文未能复原的尚多。作为唐代礼制代表，《大唐开元礼》使用了适当的形式撮要叙述了与礼制相应的内容，但没有原原本本地引用唐令。或许与《唐六典》的纂修形式一样，它也撷取了令的取意文字。所以，《唐令拾遗》将明确地标有"令云"的文字均巨细无遗地收录进来。

如果将唐令复原只是看作文献上的拾遗补阙，那么用充分的时间和学者的努力、耐心就可以完成。但是，若发愿去复原一套法的完整体系，而对中国法制史以及对其在周边诸民族的文化中占有何等地位，却缺乏明确的历史认识和评断，其实是无法开展工作的。

三、吉光片羽:《天圣令》附唐令的发现及价值

1998 年，戴建国在浙江省宁波天一阁博物馆发现了所谓的明抄本《官品令》10 卷。令人叹为观止的是，这个抄本其实是北宋《天圣令》的残本，后附的令则为唐代的《开元令》。鉴于此，

《天圣令》所附唐令推动着唐令的复原和研究进入了一个新阶段。

据相关书目记载，《天圣令》原书为30卷，现存的抄本仅为后10卷，是天一阁主人范钦当年雇人抄写的诸书之一。据抄本封面题签上的"贞"字推测，原抄本可能按《周易·乾卦》的元、亨、利、贞分别次第，装订成4册，所以现存抄本应为第4册。正文首起自"《田令》卷第二十一"，册后没有尾页。从内容看，最后11页抄的是第30卷《杂令》。根据末页已抄满文字而语句不全的情况分析，余下内容可能没有抄完，要不然装订时就已缺失尾页。抄本现存116页，不计空白页与空白行，实存文字2078行，4万余字。从抄本所录令文格式和保存唐宋时期行用的俗字、古字来看，很可能是基于《天圣令》原书的传抄本。换言之，它虽是明抄本，却基本上保存了《天圣令》当年制定和颁行时的旧貌。但因辗转传抄，文字讹误、脱漏之处甚多，有的则因抄者补抄漏文而造成错行、错页，乃至改变了条文的顺序。

经过辛苦的整理工作，这10卷《天圣令》共存12篇293条令文，其各篇后所附的未行用唐令，共有221条令文。两者相加，共有令文514条。由于《天圣令》基本上仿自唐令，学界已参照《唐令拾遗》《唐令拾遗补》和唐、宋、日三方史料，初步将其中的269条复原为唐令，只剩下24条未能妥当复原。加上各篇后附的唐令 221 条，共计有唐令 490 条，为唐令原文 1500 余条的三分之一。一般认为，《天圣令》中的"不行唐令"原则上是开元二十五年（737）令的条文。因此，由宋令推定复原的唐令，再加上"不行唐令"，应是唐令各篇条文的全部。也就是说，尽管条文在字句层次上可能有缺失，但只要没有脱漏，从内容上讲应该不存在缺失的条文。其中，《田令》《赋役令》《捕亡令》等基本得到了整个复原，其余各篇多数仅有两三条尚未复原。这使我们可以比较完整地看到唐令后 10 卷 12 篇的概貌，无疑对唐令及唐史研究具有非常重要的意义。

在《天圣令》及所附唐令的整理工作中，学者们发现《唐六典》中所载的以"凡"字起首的条文，大多是唐令，但多数都经过了编纂者的改动，而非唐令原文。《天圣令》展现了唐宋令间较为复杂的关系：不仅有数条唐令合为一条宋令以及几条宋令出自一条唐令的情况，也有宋令只截取唐令的部分内容，而将剩余内容舍弃不用，或将剩余内容仍附抄于后等不同的处理方式。所以，《天圣令》的宋令部分可以认为有三类：1. 按唐令原文照录者。2. 维持唐令的结构，为了适应宋代官制或国情，而对唐令字句进行修正、追加甚至删除。3. 将条文的结构和意义作大幅度的变动。北宋成立以后直至天圣七年（1029）修订

《天圣令》之前，宋代主要的立法活动是修订《宋刑统》和不定期地整理、修撰编敕，令、格、式仍然沿用唐人的成品，并没有另起炉灶，修撰过新的。所以，有研究作了大胆推测，从原则上讲，如果某项规定在唐令不存在，那宋人就不制定新的条文。

根据《天圣令》抄本各篇后附唐令来看，基本上是《天圣令》参用过的唐令条文都被删除。但因《天圣令》部分条文的制定参用了唐令两条或两条以上的条款，有的仅仅参用唐令某条的部分内容，所以《天圣令》的条文数目、次第及内容与被删除的唐令条文不可完全对应。所以说，到了宋代，有些唐令因社会变化而被弃之不用，有些依然有效，有的则发生了一些变化。学者指出，唐以来确立的法典分工体系——"律以正刑定罪，令以设范立制，格以禁违正邪，式以轨物程事"，没有被北宋初期打破。《天圣编敕》与《天圣令》都是宋仁宗天圣七年（1029）的立法成果，共同构成北宋初期的法典体系。因此，在纂修《天圣编敕》的同时，北宋第一次对唐令进行了具有实质意义的修订。

宋人的编敕则是格的变通形式，在法律效力方面具有优先地位。凡是《天圣编敕》中已存在的法条，《天圣令》便不作重复的详细规定。这一职能性分工势必会影响《天圣令》参修新制的程度。如《天圣令》卷27《狱官令》宋5条规定：凡在京师判处死刑的，由法司向朝廷一复奏，得到旨意才可行刑；若在外州府判处死刑的，60日后将刑案记录上奏，令刑部检勘复查，有不当之处的话，务必及时驳正。处决之日，乐舞等娱乐一律禁停。征诸史籍，死刑复奏制度自唐太宗时纳入法典以后，直至《开元令》皆不变，在京五复奏，在外诸州三复奏，死者不可复生，尽可能不误判，使之死而无恨。从《天圣令》与前述唐令比较得知，两条在复奏的次数上有所不同。

《天圣令》所附唐令的发现及复原研究有利于唐宋变革探讨的深入。此前的唐宋变革研究往往集中在两者社会发展阶段及其不同的时代特性上，尤其着力于变革始于何时或变革过程导致的根本转变发生在何时。随着政治制度史和社会史研究的深入和转型，各项具体制度和各方面社会管理规定在唐宋间的演变成为研究者关注的重点，如大到土地法规的根本改变，小至丧服礼制的细微差别。由于北宋时期对唐代法令特别推崇，甚至有意模仿，所以《宋刑统》和《天圣令》等法典基本套用了唐代律、令的结构和框架。鉴于《天圣令》同时包含唐、宋两种令，透过宋代"不行"的令文，分析其不行用的制度和社会背景以及透过宋代行用的令文中如何"以新制参定"而改动唐令中的关键字词，那这个改动背后的原因需要分析。如此考察下去，唐宋变革便会涉及非常繁多而具体的问题，无论是"在行"或"不行"的几乎每一条宋令的背后都隐藏着一个复杂的变革过程。总体上看，北宋的法令和制度相对唐代来说，既有因为社会转型和体制转轨带来的演进，也有因为统治区域在地理空间上的不同而导致的变迁。

《天圣令》抄本的发现，也将对中日古代法制比较研究产生重要影响，而唐令、日令的关系和异同问题可获得更深的认识。

一是内容上的差异，日令继承了唐令的哪些部分。比如，唐令中的《仓库令》《厩牧令》《假宁令》《营缮令》《丧葬令》等在日令中没怎么袭用，条文数较少，有可能是唐日社会情况及制度差别太大。且以《仓库令》为例，唐令规定了各种各样的支出，涉及给粮、给禄、赐物、蕃客锦棉等方面。也许海洋型国家无法设想大陆型文明与制度的详密，日令在这些规定上确实很匮乏。但是，根据田令、赋役令等条款，有利于开展日唐财税体制的对比研究。

二是检讨早年的复原工作。中田薰、仁井田陞两位当年复原唐令各篇时，主要依据的是《养老律令》的条序。而《养老律令》源自唐高宗时期的《永徽令》，后来可能参照开元三年（715）以前的令做过某些修改。可是，还有的学者认为在《田令》《赋役令》等篇中，《养老律令》可能改变了唐令的条序。现在，我们将抄本保存的唐令 12 篇与《养老律令》现存相应令篇比较，发现除今本《令义解》辑录的《仓库令》《医疾令》两篇逸文外，其他各篇均证明二者条序基本相同。毫无疑问，唐令条序的复原应主要参考《养老律令》，而《养老律令》中佚失的《仓库令》《医疾令》条序也因有《天圣令》抄本而能够正确复原。在内容方面，《养老律令》修改、删除的主要是一些不适合日本情况的唐令条文，其他许多条文基本上沿袭唐令，只是部分作了简化、合并或拆分。另外，在日本令中失传的《仓库令》《医疾令》，也可根据《天圣令》进行全貌复原。就日本古代史来说，承蒙《天圣令》所附唐令的发现，《大宝令》和《养老律令》之间的关系也需要重新考虑。

四、唐令内容管窥

我们可以根据《天圣令》所保存的唐令条文，来真切地认识一下唐代的立法成就。首先，唐令中的《田令》非常重要，有关均田制的规定多达 44 条，其中既包括基本原则，也包括十分细致的实施细则。《田令》的这些条文大都比较详细，主要涉及民户应受田对象与应受田额、官吏应受田额、永业田的性质界定、口分田不得隔越及土地买卖等，此皆属于原则性规定；关于狭乡新受田中口分田减半，易田倍给，官吏永业田请授、继承、追收办法，官吏口分田追收办法，因公事没蕃、伤残、身死者的田土处理办法，退田时限的规定，还公田不得割零，授田顺序，换田规定，河道改流造成的新出地处理办法，公私荒田借耕等规定，屯田收益处理办法，水卤、沟涧等不堪耕种地的处理办法，工商户、僧尼、道士女冠、官户、在牧场劳作的官户奴等具体授田办法，等等，这些都属于实施细则的范畴。

唐令《田令》既规定了应受田口的应受田额，又规定了"先有永业者通充口分之数"，体现了立法者的土地国有理想与土地私有制之间根深蒂固的社会矛盾。在具体实施均田制时，这两者可以统一起来，但有先后、主次之分。而实行均田制首先要做的，显然是将各户原有的土地登记为各户的已受田，然后再考虑是否给无地或少地的农民实际授田。政府给民户实际授田有个先决条件，那就是各地政府得掌握足够的官田与荒废地。这就要求我们在讨论唐代州县于实际授田之前，先要研究一下其辖区内的土地资源情况。因此，据完整复原的《田令》，我们发现唐《田令》的多数条款本身就已经是实施细则。按《田令》规定，由政府实际收授田土是均田制的实行，而把各户原有田土登记为已受田，或以户内账面调整的方式进行土地还授，同样是均田制的实行。因此，讨论均田制是否实行已经意义不大，而要研究的是均田制如何实行、主要按《田令》的哪些条款施行。

其次，《赋役令》有助于推究律令体制之下，唐朝对民众人身支配的赋役体制如何运转。此令的主要内容与均田制高度对应，并呈现了以正丁为对象的课役和以户为对象，以户等为区别基础，包含杂徭、色役等差科在内的唐代整体赋役面貌。令文还厘定了正役、杂徭、色役之间的关系，或认为令中的"差科"仅为指称选派、征发的一般性动词。令文还展示了两都、诸州、边州、羁縻府州所构成的大唐王朝的行政构造，以及由折冲府系统、诸州镇戍系统、缘边诸州军镇所共同构成的军事防御体制。这就决定了唐代的《赋役令》体现出以供御和供军为主线的财政物流体系。

再次，据《仓库令》可知，唐代粮食或经济作物的主要品种有粟、稻谷、糯谷、黍谷、穈谷、秫谷、大麦、荞麦、小麦、青稞麦等，其他种类还有小豆、胡麻、大豆、麻子。粟是唐代的标准粮食，举凡俸禄、赏赐、给食均以粟为准。所以，令文规定了其他品种与粟的换算，如稻谷、糯谷1斗5升、大麦1斗2升、荞麦1斗4升、小豆9升、胡麻8升，各抵粟1斗。唐代的这些作物只分为"粟"和"杂种"两类，凡非粟者均可归入杂种。同时，品种不同，窖藏保存的年限也不同：粟可以保存9年，米及杂种可支5年。下湿之处，粟支5年而米及杂种支3年。贮藏经3年以上，1斛听耗1升；5年以上，可耗2升。有趣的是，令文没有提到"米"，可见"米"是泛称，实际包含了不同种类，比如有粟米、稻米（又分大米、糙米、粳米）等。如果不特别指出，"米"应当指的是粟米了。令文竟然提到了"麦饭"，有学者推测应该是一种十分粗糙的食物，难以下咽，但仍然与其他作物并列，估计可以较久储藏，作为干粮来用。

《仓库令》还详细规定了唐代仓库设备及管理、调度费征收、仓库输纳等条款，并涉及调度税、营窖钱、杂附物等相关制度。有学者依据《仓库令》中有关给粮标准的令文，详细考订了唐代文献中有关黄、小、中、丁、老的年龄划分及有关男女性别不同等所导致的给粮差异，总结出唐代给粮制度在发展过程中，呈现出等级逐步完善、年龄逐步放宽、类别趋于复杂、女口标准下降等规律。

有条令文讲的是按年龄的给粮标准，但间接提到了给粮对象：除应给粮者外，无官之老、中、小男而在官府服务者以及国子监的学生和太常寺的针生、医生均按丁男标准给粮。其他具体的应给粮对象包括：1.在京长期当值的流外官，除自身外别给两口粮，每季一给。不过这两口粮是按丁口的标准给付的，应该是流外官所得的报酬。2.国家牧场的牧尉给五口粮、牧长四口粮，但所给的四口或五口粮中，其中两口按丁的标准给付，余下的按中男给。这两条都是除身粮外还给家口粮，属于常年上班当值而非轮番当差的待遇，也是给公粮群体中的最高标准。至于为何给牧尉、牧长家口粮比较多，可能因为他们全家都在国家牧场服务。3.给身粮者则有上番当值的牧监兽医；卫士、防人以上征行，或在镇、卫番还；当地人任监、关、津番官者于其上番之日，如尉、史等吏员。4.官奴婢皆给公粮，上番服役的官户也依令给粮，每季度一给。可以说，唐代公粮消费的实际情况比较复杂，消费量十分大。

《厩牧令》则体现了唐朝国家牧场及驿站的基本运营情况。监牧是以陇右地区为中心的，分布于全国各地的、通过放牧方式来饲养家畜的官营牧场。尽管饲养的马、牛、驼、骡、驴、羊等同是牲畜，但是马的地位特殊一些，饲养家畜的牧场一般称为"牧"，而其中养马的牧场则称为"监"。群的规模视牲畜种类而定，马、牛以120匹（头）为群，驼、骡、驴以70头为群，羊以620只为群，每群配牧子4人，良贱各半。负责马匹生产的牧场根据马匹质量将细马、次马隶为左监，粗马隶右监，并根据设置顺序编号，如左二监、右七监等。一般而言，各监根据各自所拥有的3岁以上马匹的数量，按其规模分为上监（5000匹以上）、中监（3000匹以上到5000匹以下）、下监（3000匹以下）。若官牧和私牧在场地上有冲突的话，应协调解决。

凡是在养的马、驼、骡、牛、驴每100头以上，各给兽医1人，每500头则增加1人。地方上的州、军镇只要有官畜之处也照此办理。兽医可在百姓及军人中拣选有医学本领者为之，轮番上下。至于殿中省、太仆寺的兽医，皆从本司选拔。在各军内选拔的话，仍然各隶于军府。至于牧户、奴中男，当命令他们于牧所分番学习兽医知识，并使其能够娴熟掌握。太仆寺所管辖的各地官畜以及私马帐簿，每年十一月上旬都要经由各地朝集使送至尚书省，而各地诸王府内所拥有的官马帐簿也遵循官畜和私马办法执行。这些马帐的审核一直延续到下一年的三月。

牲畜的死耗率各有差别，驼 7%，骡 6%，马、牛、驴、羖 10%，白羊 15%，若饲养从外蕃来的牲畜，死耗率会相应提高。如果因时疫死亡的，其标准应参照当地私畜的死耗情况。同时，该令还详细规定不同种类的官畜死亡后所应收取的皮、筋、脑分量，送使出行的官、私马在道死亡与官畜在道患病而致死后，其"皮肉"或"皮角"具体的处理办法。

《厩牧令》还规定了驿站的设置情况及驿马、驴的役使规则。驿站是唐代公用交通的主要据点，每 30 唐里设一驿站，并依据地域情况进行设置。官驿置马分为七等，自 75 匹到 8 匹不等，使用大马不便的地方可以用蜀马。使用驿马的驿使，可以驿站为供给据点移动，该令亦规定利用传送马与驿马的使者均可得到供给。平时作为国家常用的交通传送制的供给设施而使用，这种驿站及州县的供给仅为可获取国家供给的移动者所用，如驿使、移动的官吏、地方巡查使、从军士兵、流放罪犯、特权商人、外交使节等。其中，所在若无驿站的话，便可在州县接受供给。《杂令》规定即便是官员，若非由于公务，也不能接受无偿的供给。

《关市令》提供了唐代出入关隘及市场管理的诸多信息。诸欲度关之人需要申请过所，并令本人记录下副白，关司勘验一致之后，即签署通关文牒。要是输送官物而通关的，在检查验证属实之后，便付给过所，令其通关。"副"指副件，"白"指未用官府印鉴。丁匠赴役如有出关的需求，出关时要拿上"本县历名"，与押送他们的纲典一同核查。作役完毕，要在"本县历名"上盖上红印，返程入关时，要核查红印以及上面注记的姓名与年纪，两者一致才能放行。由此，唐代出关入关的审查相当严格。如果有人带物品出关去做买卖，从京师出发时，由司门给过所；若从外州出，由当州给过所。物品种类及其数目都要登记在过所上，以备守关官吏检查。

如果关口两边属于同一州县，只要每年正月造簿交给关口就可以了。有来往需求时，一般不用申请过所，只要向关司申牒，关司核查后便可以放行，但要留下过关记录以备核查。若将租税输送到指定地点，凭当县的文牒就行，不用申请过所，以简化过关手续。如果本关官吏自己或其家口过别的关，则要申请过所；过自己所辖的关，也需要造簿才可。要是百姓需经常过关到别县去打柴或交易，县里可颁给"往还牌"，30 日内有效，还可以申请展期。但是，兴州人、凤州人去梁州或岐州，不用过所，而可用上述行牒的方式。这一点比较特别，而且兴、凤两州民众也只能去梁州、岐州时能享受这一待遇。若从地理位置上看，岐州、凤州、兴州、梁州等地是由关中南下穿越秦岭通往剑南的交通要道。

《关市令》禁止锦、绫、罗等丝织物出关，但随身衣服不在禁带之列。至于西北边陲各关外的人到关内做衣服或买衣服，需要申牒并核实人数才能放行。居住在禁铁之乡的民众，若需要在"不禁乡"买铁制的乘骑用具（如马镫、嚼衔等）、烹饪用的锅釜、耕作用的农器之类，要在本地申报所需色目，经批准后才可以去买。买完过关时，核查色目无误方可放行，仍要通知当地官府。此规定主要针对边地特别是西北边地的民众，可见对其日常生活造成了一定程度的不便。若非州县治所，则不可设立市场。官私所使用的斛斗、秤尺，每年八月到太府寺校正；不在京城的，可到所在州县官府校正，钤印之后才能继续使用。

唐宋《捕亡令》表现出了唐、宋两朝捕亡制度的差异，背后反映出唐宋间县级政权在基层治安管理方式上的转变。唐代前期的捕盗及追捕罪人，制度上可由军府调遣军人参与，但由于发兵程序复杂，县司往往差遣里正或县衙的杂役人员办理。此事虽多由县尉负责，但并没有专职官员。唐代中后期的军镇势力显著增强，地方上又缺少维护治安的武装力量，于是镇将开始负责县内治安并逐渐替代县司，进而成为基层治安的管理者。经过五代到宋初的一系列变化，县尉被重新设置，由其正式负责当县境内的捕盗之事，故县级政权对基层治安的管理方式发生了很大的转变。

在追捕盗贼及逃亡人户时，先尽壮马使用，2 日以内的话要求一日一夜马行 200 里，步行 100 里；3 日以外，一日一夜马行 150 里，步行 80 里。若人、马交替前行的，则依原来标准。如果属于特殊情况的追捕，不必按照此数。况且，步行只比用马慢一半，可见速度甚快。以前我们只知道人、马等在陆地上的行程标准：马每日 70 里，人步行及驴 50 里，车则每日 30 里。至于其他法令中，我们只清楚敕书需要日行 500 里。另外，《捕亡令》多条规定了逃亡奴婢的追捕，从侧面可见其生存状态堪忧。

《医疾令》重点介绍了唐代的医疗机构和官职、医学教育、医官选拔和迁转、医疗行政机制、疫病控制、社会救济等方面，展示了唐代较为完善的医疗体系。有学者在此令的基础上，从医学生、地方医生、私医、医学制举、非医术出身者 5 个方面，详述了唐代医官的选任制度，并以制举和待诏为中心，明晰医官选任的发展。最有特色的是，该令专门设置了女医条，女医人才选自官户中 20 岁至 30 岁之间的健康女婢 50 位，还要符合未曾婚配、无子女而且聪颖秀慧等条件，要求5年内学成。女医教育的内容与讲授方式、考试及成业年限等方面，展示了唐代独特的女医教育制度。不过也有人认为仅据《医疾令》所展现的官方医学，还不足以代表唐代医学的全貌。

《医疾令》还规定诸药品族及太常每年别用药材，皆依据《本草》所出，向尚书省申状发到州县，命令地方官府随时收采。若产地虽非《本草》所记载的旧时收采地，但使用效果良好的话，也可下令采之。运输这些药材，每100斤给传驴一头，不满100斤的话可随朝集使送到太常寺，仍然向尚书省申帐汇报。当然，需要购买的药材可以预先购买。凡是行军及作役之处，凡500人以上，由太常寺负责配备医师1人，5000人以上给2人。自此以上，每5000人加1人。至于陇右监牧、西使、南使，各给2人，余下的各牧区各给1人。这些医师仍需简择后充任，监牧、医师的粮料标准与劳考程序，一准兽医官之例，并根据实际情况给药。而且，此条令文还规定向行军、作役、监牧之处派遣医师，并依令给予交通工具上的协助。

根据《假宁令》，唐代的假宁制度本身可分为两部分：包括节日、旬休等在内的例行休假，与以婚丧、祭扫等为主体的事故假。日本《养老律令》也有假宁的规定："假者，休假，即每六日（唐为十日）并给休假一日之类是也。宁者，归宁，即三年一给定省假是也。"其中，五月的田假与九月的兽医假，分成两番，每番 15 日。另外，还有装束假、私家祠庙假、定省假、冠假、拜墓假等名目，有的假要除去行程所花的时间。唐代官吏休假制度已经相当完善，假种繁多，规定细致，具体可行，但宋代保留了基本的休假制度而有所删改。这些制度的演变体现着唐宋国家体制与社会发展的变迁。

《营缮令》是为国家公共工程建设所设立的法令，规定所需人功、物料如何调度支取、账目申报等方面。令文对唐代营缮诸司如少府监、将作监等机构的行政职能作了合理的划分与责任分配。至于营构大木作、小木作、器用杂木作、竹作、土作、砖作、瓦作、泥作、石作、窑作、彩画作、采材等陆上土木工程，以及河渠津梁等水利工程，都由将作监负责管理。换言之，将作监掌管京都的土木工程类营造事务。唐代已经力图将同类营造事务归于一个机构进行管理，如器物类由少府监统领。这种体现分类管理特色的机构设置，也就不可避免地反映在律、令、格、式的制定中。此外，该令还规定了官私屋舍构造的等级情况。而宫城内的"大营造"及"修理"事务，皆需要太常寺先选好吉日，然后呈请朝廷，再行动工。

与众不同的是，《营缮令》还体现了当时朝廷及官府对女工劳作的需求，分别由这样几类女性完成：一是诸司户婢，负责制作诸司所需要的女红；二是掖庭局属下的宫人犯妇等，负责制作供奉之物；三是太常寺属下的音声家，负责制作太常寺所需女红；四是若军国事务需求量大，则由朝廷临时处分。因此，在唐代宫廷内或作坊内，从事具体缝制衣物工作的都是贱民女性。

我们应将唐代的《营缮令》与《赋役令》合并考察，首先《赋役令》总则性地规定了每年的财政预算、力役计划，而《营缮令》的人功、物力调度皆以此为前提，并设立了预算外突发状况的申请许可程序。而已复原的《营缮令》中与防洪修缮相关的条文，具体涉及参与人员，修缮工程的时间、地点，平时的维护管理等方面，很好地揭示了从中央到地方的唐代水务管理体系。

《丧葬令》规定了唐朝自帝王、百官乃至百姓的丧事营办规定。官员之丧较为复杂，京官、职事官、赠官、致仕官品阶不同，故营葬标准也不尽相同，涉及赠赙、墓田大小、坟高及营墓夫的配备。诸使人于所在身丧者，皆由官府给殡敛调度，为之造舆并差遣人夫递送到家。其爵一品、职事及散官五品以上用马舆，其余的皆驴舆。有水路处给舡，其所用物品由所在供给，仍申报所遣之司。据此可知，唐代官员送丧回籍，在运送工具上也有等级差别，五品以上是马舆，其他是驴舆：一是可证驴的等级低于马，二是只分了两个等级，且以五品为限。当迎亲属棺柩回来时，只有城中有住宅的人，才有资格将棺柩迎入，否则不许棺柩入城。这也隐含着一种规定，即只有在城中有宅的人才是城里人，才能享受城里人的权利。那些流浪无住所之人就享受不到这一权利了。或有另一种可能，即因为城中有宅，才有地方停棺柩，无宅就无处停放，势必影响市容或造成混乱。此令还明确规定，距离京城7里内不得葬埋。

最后一篇是《杂令》。所谓"杂令"者，以其内容斑杂不一而名之，与其相似的有《唐律疏议》卷26《杂律》，即属于对前面条款的拾遗补阙，因而错综成文。职此之故，放入杂令的应是不能归类于其他篇目的法律规范，故将其单独编集成篇。《杂令》第14条规定了唐代取冰、藏冰制度，此事可以追溯到先秦时期。唐令规定的取冰于自然的方式既经济又方便，黄河本身就是一座巨大的天然冰库。冬藏夏用，祭祀、饮食、消暑、医疗保健，都用得上冰块。这一制度规定反映了唐朝皇室及京城对于冰块的消费需求。我们知道不仅两京有限制向街开门的规定，在地方上也有类似规定，即"五品以上及郡、县公"以不妨碍公私事务为前提，于州县可以向街开门，而享受这一权利的群体可能是致仕或赋闲回乡的朝廷及州级官员。唐代无论地方还是都城，里坊制执行得比较严格，晚唐之际才出现了大量向街开门的现象。在这种情况下，虽然朝廷重申令式，对随意向街开门的现象予以制止，但仍然挡不住城市发展的趋势。同时，《杂令》还对度量衡的标准作了精确界定。

这就是唐令精彩纷呈、无微不至的一面。

第四章

唐格与唐式

一、格的形成与作用

　　格是唐代重要的法律形式之一，其形成可以追溯到北朝时期。东魏孝静帝曾于天平年间诏令群臣于"麟趾阁议定新制"，定名为《麟趾格》，兴和三年（541）颁布实施。东魏本次制定的《麟趾格》，标志着格开始独立地在传统法制的舞台上亮相，汉魏流行的科逐渐废弛不用。北齐天保元年（550）以东魏《麟趾格》

不够精审为由，于是下令群官集议编撰齐律，至河清三年（564）正式完成，史称《北齐律》。北齐在制定齐律的同时，将"律无正条"的其他规定编为《别条权格》，并允许与律并行，格又成为律的重要补充及辅助形式。

唐代格的构成不仅与前代不同，而且与本朝令、式的编撰也不同，格的主要来源是当时皇帝发布的制敕。唐朝的制敕常常因特定的人、群体、社会现象或事件而制定、颁布，并在一定时间内保持着法律效力。经过严格的编录程序后，这些制敕便成为法律特征突出、形式稳定的法典——格。未经编录的敕只具有局部效力，仅对特定的人和事具有拘束作用，而经过编录的敕便上升为格，与律、令、式合而为四，法律效力的普遍性显著增强。因此，史书上对格的形成作了言简意赅的总结："盖编录当时制敕，永为法则，以为故事。"

唐朝的皇帝们都重视格的编纂，唐前期先后相沿、名目清晰的格有《武德新格》《贞观格》《永徽散颁天下格》《永徽留本司行格》《永徽散行天下格中本》《永徽留本司行格中本》《永徽散行天下格后本》《永徽留本司行格后本》《垂拱格》《垂拱留司格》《神龙散颁格》《神龙留司格》《太极格》《开元格》《开元后格》《开元新格》《天宝格》，还有后期颁布的《贞元格》及《开成详定格》，可谓传承不断，蔚为大观。需要指出的是，唐格的编纂虽始于武德时期，而实际底定于贞观之际，太宗时曾删改武德以来的诏敕 3000 余条，最终定为 700 条，以格的形式使用着。而开元以后的格，如《通典》提到了开元二十五年（737）仓部格、屯田格，《白氏六帖事类集》所引也有仓部格、户部格、金部格、虞部格、祠部格，《唐会要》有司勋格，都是以二十四司之名为篇。这一点在《唐六典》刑部卷中已有明确规定：格有 24 篇，皆以尚书省二十四司为篇名。所以，唐格的篇目也不是一成不变的，可能自《神龙散颁刑部格》起直到开元时期，存在一个从各部到二十四司为篇名的演化过程。因此，格虽然来源于敕，却比敕更具有普适性，意味着它是"天下通规"。

格的编纂与唐律一样，多由宰相领衔的班子来完成，由三类人员参与编纂：一是中枢决策机构的长官；二是中央司法部门的负责官员，尤其来自刑部和大理寺的各级官员；三是中央有关各司的官员，有时还将地方上的明法官吏与官学中的律学之士等召集进来。就唐初而言，格的编纂都是与律、令、式一起进行的，立法的技术标准和层次都比较高。不过，从唐高宗龙朔二年（662）开始，格的编纂便不一定与律、令同步了，但在多数情况下仍由宰相领衔，保持着相当规格，配备高水平的专业队伍，这从侧面说明了格具有一定的独立性及对格的重视。同在高宗时代，编撰班子开始增加六部侍郎这样的高级官员，特别是仪凤二年（677）为了修格，吸收了尚书省的吏、兵、刑、工四部官员。之所以如此，并非纯粹考虑到编纂人员的身份及政治地位，而是关乎格本身的性质和具体用途。

　　敕本身代表着皇帝的权威，也是国家某类法律的渊源之一。格可以依据皇帝对于大臣奏议的赞同意见或者诏文而形成，而将制敕编为格，体现了从个体意志到国家意志的重要转变。我们在敦煌《开元户部格残卷》《神龙散颁刑部格残卷》里就能看到格文直接采自诏敕的实例，前者在形式上依然保留了编录前的制敕形式：每条格均以敕字开头，部分还附有制敕的年号和具体日期。还有一种情况是，宰臣等对诏敕予以整理、加工乃至润色而编成格条的，一般是将制敕删节为简明扼要的文字，叫作"敕节文"，然后根据时势情形及需要，再次对"敕节文"进行增补、归纳；或者在"敕节文"的基础上进行改写，最后才能修成格。所以，格的形成必须具备两个基本条件：一是敕已稳定地运行了一阵子；二是通过对社会秩序的调整需要予以删补，必须经过特定的编录程序才能上升成为法典性质的格。

因此，作为通用性法规的格，并不是以皇帝名义颁布的各种诏敕原原本本的汇编。

格以其立法主体及效力的特殊为特点，内容比较庞杂，涉及面甚广。从适用范围上看，唐格可以分作适用于中央各部司的留司格及适用于地方各州县的散颁格两类，这是高宗永徽时期便定下的标准。研究认为，唐格既然有两种，相应的编纂体例至少也有两种：一是制敕编辑类格的体例，二是非制敕编辑类格的体例。从编纂形式出发，唐格也可分作两种：一是系统性很强的编入法典的正格，二是零散的因事而设的杂格。其中，杂格的构成也不单一：一种是临时颁布的单行格，如用于选官或贡举的选格、酬劳将士的赏格，此种格一般都有特定的时限和固定的运用范围；另一种是随时发布的敕格，一般由标明为"永格"或"常式"的制敕构成，这种格一般积累到一定数量之后就会修入格典。据以上分析，有名的敦煌《神龙散颁刑部格残卷》既是天下所共同遵守的"散颁格"，又是编入格典的正格。

立法官员对格条的安排并不以时代先后为顺序。如敦煌文书 S.1344 号《开元户部格残卷》时间跨度近 40 年，最早的格条是唐高宗咸亨五年（674）颁布的敕，最晚的格条是在开元元年（713）十二月十七日，但之后内容残缺。从文本上看，此格未按照年代的先后编录，大抵按事类编录：第一条为封户事；第二条为孝义旌表赋役优待事；第三条州县须严加禁断长发；第四条诸山隐逸之人是否属于规避赋役；第五条禁止各州百姓结为朋党、作排山社；第六条降户；第七条商胡贸易事；第八条为诸蕃部落奏闻事；第九条及第十一条为牂牁及岭南风俗，包括用银、械斗和婚姻等事；第十条为招慰化外人及贼徒，并涉及优复蠲免事；第十二条禁止将男女质卖，属户口管理事；第十三条及第十四条均为逃户田宅的有关规定，乃土地赋税事；第十五条为执衣白直，乃赋役差科之事；第十六条诸州进物，为土贡管理事；第十七条朝集使事。所以，此格被认为属于散颁格。不过，作为制敕编辑类的格，外在形式有多种：有不带"敕"也不带年月日的；有带"敕"而不带年月日的；也有既带"敕"又带年月日的，还有带"敕"且带年月日的，但似以不带"敕"、不带年月日的为多数。

安史之乱后，由于政治环境比较动荡，法典纂修逐渐突出刑事的特色，因此格的编修主要由刑部及大理寺的官员负责完成。唐后期直至五代，制敕编辑类格主要向刑律方向发展，《开成格》便是一个显著的例子。后唐天成元年（926），百官在《开元格》、

《开成格》、《太和格》、伪梁《新格》等法典的评价上出现了一些分歧，当年十月二十一日，朝廷批准了御史台、刑部、大理寺的联合上奏："鉴于《开元格》以条流公事为主，《开成格》的重点在刑狱，从今日情况出发，当使用《开成格》。"此外，格这一独立形式的法典逐渐退出政治舞台，"格后敕"这种新的法典形式占据了主流地位。之所以称为"格后"，应该是在前格——即最近一次修格的基础上完成的。如开元十九年（731）《格后长行敕》的编修是在《开元后格》之后，是对开元七年（719）修成的《开元后格》以后制敕的整理与编纂。基于这种编修模式，格后敕与前格的基本内容存在着千丝万缕的联系，不可能完全割裂。

此外，长定格、循资格也一直在使用和修订。所以，我们说唐中后期仍在继续编纂格，尤其源自非制敕内容的格，还在较频繁地编纂着。在非制敕编辑类的格中，保存下来的篇题有建中二年（781）格、贞元七年（791）格、元和四年（809）选格、长庆二年（822）格、大和二年（828）选格、大和四年（830）举格、大和八年（834）选格、会昌元年（841）选格、会昌五年（845）举格及大中五年（851）选格等10种。若以《唐会要》《五代会要》中的"准格"为例，大多设立在选举、考功、勋封等类目中，就可证明这些格针对的对象多为具有某种规则或标准的事务。有人对文渊阁四库全书本的《唐会要》进行了统计，发现与"准格"（或准某某格）相关的资料达40条，其中唐后期"准格"的条数占到五分之四，说明唐后期格的使用率远高于前期。这些"准格"中的格，涉及爵、勋、阶、考的有8条，涉及官员设置及编制员数的有7条，涉及选人考试和选数的有7条，涉及贡士员数及考试的有4条，涉及用荫、谥号的有5条，共计31条。也就是说，涉及国家管理的规则或标准的格有31条，占全部"准格"条数的近八成。

　　格是通过编修前朝、本代的制敕而成，制敕所代表的皇权又具有至上性，通过格的编纂，散行制敕所规范的内容得以系统化，并上升至极高的法制地位，具有普遍适用性。所以，每次修格虽然要对前格展开一次整理，但并不是一味地全盘继承，只是筛选、保留一部分依然有效的条款，修改或剔除不适于新情况的内容。在删改、吸收、补充的过程中，尤其在新君制敕已行用多时的情况下，那就启动重新修格。如高宗时代，由于武则天的关系，格的前、中、后不同版本的某些内容和精神会有所对立；从年号上看，《垂拱格》《神龙格》《太极格》和《开元前格》有着明显的时代区分，而且都在新君登基之初，可以想见它们在宣扬新君的旨意和立场上相当卖力，内中也不乏对前朝制度变革乃至否定的内容。因此，格的编修不仅涉及本次立法之前本朝颁布的诏敕，而且还须重新审视已被前格所吸收的前代诏敕，或未被编入前格的前代诏敕。

贞元、元和两朝都计划拾掇旧局面，促使政治经济能全面走向良好态势。朝廷力求中兴，故对开元时代的礼法充满向往，视之为盛世典章，正如吕温状中所言："每怀经始，则知贞观之艰；言念持盈，思复开元之盛。"再加上旧制去今已久，朝廷要尽快制定符合当下实用的礼法与制度，已无必要去整理、辨析唐前期的格敕。从唐宪宗元和到唐文宗大和之际，经过程序上的一再"删定""详定"，格后敕竟从30卷增加到60卷，仅在卷数上就已增加了一倍。所以，针对元和以来格后敕的评价，繁冗是一个显而易见的现象，即使经过删简的格后敕还有50卷之多。造成此问题的原因除了历朝不断增修之外，还与开元以来，格与格后敕屡被作为各部门行政的指导标准有关。格的功能向司法集中和转化，与晚唐刑狱的严酷化密不可分。《开成格》的特点是重刑法，这一点对晚唐五代影响很大，特别在五代史中，若涉及定罪、刑狱等情况时，时常出现对《开成格》的征引。

基于以上情况，在唐后期的政治生活中，史籍所载诏敕或奏文中所谓"准格"的格，除"刑部格"外，基本都是非制敕编辑类的、具有某种实施规则或标准的格。这一种格在五代使用得更多，稳居律令格式的首位。而且，这些"准格"中的格基本都是非制敕编辑类的格，可见其作用范围的扩大，也是唐格发展变化的一个显著特点。格及格后敕对律、令、式作了统一调整，其具体性质取决于被调整的法律的性质。从内容上看，唐格一般具有行政法规与刑事法规兼容并存的性质，在数量上表现出以行政法规为主。其他法律都应与格符合，而不得与之矛盾。或认为，格在某种程度上具有刑事特别法或行政特别法的性质，故其效力往往大于律。

二、《神龙散颁刑部格》赏析

我们知道，唐律较完整地保留至今，令、格、式却大多散佚了，只有借助《唐律疏议》《唐六典》《通典》《唐会要》及敦煌文献等资料，去了解令、格、式的大致原貌。而敦煌文献在这一方面难能可贵，保存了仅有的5件"格"：《开元户部格残卷》（存69行）、《神龙吏部留司格断片》（存16行）、《开元职方格断片》（存7行）、《开元兵部选格断片》（存18行）以及《神龙散颁刑部格残卷》。在这些唐格中，保存内容最多的当数收藏于法国巴黎国立图书馆和英国大英图书馆的 P.3078 号和 S.4673 号《神龙散颁刑部格残卷》。这件散颁格是唯一一件用于"正刑定罪"并修改和补充唐律的特别刑事法。残卷不仅使后世得窥唐格的原貌，而且揭示了"格"在唐代法制中的地位、性质和效力，可谓弥足珍贵。

神龙是唐中宗的年号，行用于 705 至 707 年。唐中宗在位时间不长，仅有 5 年的光景。但在这短暂的几年里，中宗意欲有一番作为，包括下令修订了不少法典。神龙元年（705）六月二十七日，曾下令删定《垂拱格》及格后敕，班子由尚书左仆射唐休璟、中书令韦安石、散骑常侍李怀远、礼部尚书祝钦明、尚书右丞苏瓌、兵部郎中姜师度、户部郎中狄光嗣等人组成，共同删定至神龙二年（706）正月二十五日以前的制敕，纂成《散颁格》7 卷。又删补此前旧式为 20 卷，然后制令颁于天下。很显然，神龙二年（706）的《散颁格》是在全国范围内使用的法典，毕竟唐代沙州保留了这份残卷。该文书篇首直接标明："散颁刑部格卷"，但没有写明第几卷。这意味着该《散颁格》并不是毫无目的编成的，很可能是按照尚书省六部的顺序编纂的。换言之，除了散颁刑部格卷外，恐怕还有散颁吏部格、散颁户部格、散颁礼部格、散颁兵部格和散颁工部格诸卷。

在法藏 P.3078 号文书《散颁刑部格卷》题首下，逐一列举了刑部、都部、比部、司门的名称，而这四个部门正是尚书省六部之一——刑部下设立的四个职能机构。可见，该散颁格对于四个职能部门都适用，同样是全国通行的法律文件。而留司格与此不同，它是各职能部门自己应遵守的法律文件，适用的范围是尚书省六部的本司。从《神龙散颁刑部格残卷》的编纂形式看，散颁格的编写为一条一段，每条前面没有"敕"字，在每一条款下也没有该法条制定的时间。而留司格则不同，同样是神龙年代的《吏部留司格残卷》，其体例是：每条条文之前由"敕"字开始，在条文的末尾写有该条文的制定年代。这说明两者体例不一样。散颁格前面没有"敕"字，是经过整理之后的敕令，而且在条文后面也没有形成年代，这说明散颁格的制定与留司格相比要经过多次删改、调整，程序上要严格得多。

这份散颁格残卷共有 120 行，其内容应分为多少条目，学界有着不同意见，一般认为保留了格文 16 条到 18 条之间。在《神龙散颁刑部格残卷》中，具体涉及了伪造官文书印罪、盗用官文书印罪、盗用亡印罪、伪造前代官文书印罪，在职官员赃贿罪，犯赃罪（包括流外行署、州县，在东都及京犯者），盗罪、诈罪（包括盗及诈两京和九成宫库物，盗司农诸仓及少府监诸库物并军粮军资），炫诱官奴婢罪，恐吓罪，私铸钱罪，诬告罪，强盗罪，盗及杀官驼马罪，私造违样绫锦罪以及赃罪申诉规范，禁止宿宵聚会，略、和诱及卖人为奴婢不以自首论，九品以上官员犯罪的处断程序，遏制滥施刑讯逼供等极其丰富的内容。

从《神龙散颁刑部格》中的条款来源看，大多是前代皇帝颁布的敕令，经过修改后上升为"永格"的。如第四条中对于昭雪的规定，当源于永淳二年（683）的诏令；第九条中对于私铸钱的规定，当源于永淳元年（682）的敕令；第十八条关于别敕推勘的规定，当源于永徽六年（655）的诏令等，这也进一步证明了《唐律疏议》卷30"辄引制敕断罪"条疏议所言——"事有时宜，故人主权断制敕，量情处分。不为永格者，不得引为后比"的规定不虚。从《神龙散颁刑部格残卷》中的定罪量刑看，如果将格与律相比较，格规定的处罚比律更重。《唐律疏议》中的律条和疏议内容，对于相同犯罪行为的定罪量刑很轻。若从《神龙散颁刑部格残卷》中的定罪和量刑来看，看不到宽缓的迹象，而是许多条款都有明显加重的倾向。如即使对于"宿宵行道，男女交杂，因此聚会"的情况，《神龙散颁刑部格》也要对邻保处以徒1年、里正则处以杖80下的处罚。该格却极力维护官僚贵族的法律特权，如果企图伤害或殴打所部长官，除了唐律中的惩罚措施外，又增加了先决杖 100 下，可见十分残酷。因此，此格使我们对所谓的唐代"轻刑说"产生了不小的疑惑。

表面上看，格与唐律的一些规定似有重复之处，实际上是对唐律的扩展和补充。对于唐律中没有涉及的违法犯罪行为，在格中大都有相应的处罚，反映了唐代法律体系的完备性。如第三条对于流外行署、州县杂任的处罚，这在唐律中缺乏相应规定，而在格文中却有罚则，并比流内官的处罚要重，故此条是唐律的重要补充。又如第四条所谓的"法司断九品以上官罪，皆录所犯状进内"，将进状由唐律规定的五品扩大到九品，这是对唐律适用范围的扩展。格在唐代法典体系中主要发挥着调节作用，具体表现为根据统治需要，对律、令、式的有关规定进行修改、补充或变通。所以，格不是与律、令、式完全平行的法典，它具有比律、令、式更强的灵活性。

三、唐式的特点与地位

式的源流可以追溯至西魏时期，大统元年（535）下令整理可以有益于时的典制，计为 24 条，后来又增加 12 条。大统十年

（544），尚书苏绰在此基础上增删为五卷本的《大统式》。北周取代西魏之后，《大统式》得以沿用，但隋的法律体系里缺乏式这一类型。我们知道，隋朝的职官、刑律与礼制袭自北齐的居多，但史书未见北齐修式的记载。唐代武德立法时，选用了集魏晋南北朝之大成的开皇律令为蓝本，但真正奠定唐代法典体系的则是贞观立法。

贞观十一年（637），唐太宗下令进一步完善武德立法，但这次立法活动中没有出现"贞观式"，传世文献中所谓的"贞观式"乃泛指国家法令。虽然式在武德年间已开始具备"有司之式"的雏形，只不过成型的力度不够，这可能是贞观立法活动中没有修式的原因。所以说，式并不是一开始就与律、令同步出现的。《贞观令》是唐令的基础，此后唐令的修订都是在《贞观令》的框架内进行的。凡《贞观令》中没有相关内容的，都不予增补。贞观十一年（637）以后，唐代法治生活中可能经常以"式"来指称那些没有纳入法典——格中的重要规范，但这一习惯在唐代的立法价值逐渐突出。因此，进一步处置、归纳、增删各种诏敕、条例的必要性也随之凸显，这就为永徽时期式的独立成型创造了条件。这些新出的超越官司规则条例的国家制度的条文，当有一部分修入了唐式，唐式则分担了唐令的部分功能，因此唐式中就与令文产生了交叉。基于此，唐式制作的起始年份应到了唐高宗初期，尤其永徽二年（651）以后制定了那种严格意义上的唐式。从太宗后期到高宗永徽年间，才逐渐将这些官司的办事规则统一纳入国家的普通法体系。

唐式最初作为中央各部门办事的规章条例，是就具体问题所作的细则规定。所以，唐式与唐令两者之间存在着比较近的亲缘关系。首先，在一些令、式的篇名上十分相近，如考课令——考功式，宫卫令——监门式、宿卫式、司门式，仓库令——仓部式、库部式，封爵令——司封式，等等。此外，即使令、式篇名在字面上有所不同，但在内容上关联紧密，如军防令——兵部式，狱官令——刑部式，营缮令——工部式、水部式，等等。其次，两者的内容或规范本身比较类似，虽然同属一类事情，但令、式中分别作了规定。而且，《唐律疏议》中多次将令、式相提并论，如"准式依令""违令、式""在令、式"等，可见唐代的司法实践对待令、式的内容或规范处在同一态度上。从根源上讲，式与令的这些关系特征表明式或许从令中转化而来。

永徽二年（651）立法时，纂成的《永徽式》仅有14卷，之后随着唐代政治经济的发展，内容逐渐丰富，《垂拱式》已增至

20卷,《神龙式》《开元式》的卷数也有20卷之多。值得注意的是,在式的发展过程中,唐式逐渐承担了容纳全国通则性法律规范的重任。这一重任本由唐令来承载,但因修订规则上的限制,唐令不方便增添新的内容,只好转入唐式之中。比如,事关刑事诉讼、刑事执行、监狱管理制度的具有普通法性质的《刑部式》条文,就是以式的法律形式新增的例子。又如《户部式》规定:"只要荒田里还生长着桑树、枣树之类的,禁止放火烧荒。"此法条应该是针对全国普遍存在的问题而作出的规定,其性质当属普通法无疑。因此,唐式在其发展过程中从最初的官司特别法逐渐演变为兼具普通法的性质。

不可忽略的是,参与唐式制定的主体也发生了变化,从原本低一层次的部、司、监主持过渡到了由中央的三省长官以及由皇帝任命的官员负责,此与律、令、格的制定主体保持同一规格。被纳入唐代法制体系的式,与律、令、格统一在同一个普通法谱系之内。伴随着唐前期三省六部制的强力推进,唐式原来被赋予的官司规则条例的性质逐渐被掩盖起来,但不会全部消失,仍然处处发挥着"轨物程事"的功能。就规范类型而论,唐式属于非刑律性规范,这是它的重要属性。在《唐律疏议·杂律》"违令罪"条中,不仅处罚"令有禁制而律无罪名"

的行为，同时还规定了"违式减一等"的处罚，实际等于设立了"违式罪"，用来处罚那些式文中有禁制而律文中无罪名的行为。这表明在令、式中，均缺乏处罚性的规范。令、式只是正面地"设范立制"或"轨物程事"，违反令、式时，只能适用律所规定的定罪量刑。

若进一步从内容、特征上来判定唐式的性质，也有人说式具有行政法规的性质。因此，唐式中各类行政法的规范最多。在六部诸式中，吏部、考功、司封、司勋四式规定文官选授、考课及封爵、勋阶之事，现存《吏部式》有勋官参选，《考功式》有课试贡举人的规定，分别属于官吏选用和考课方面的行政规范。户部、度支、金部、仓部四式，规定徭赋职贡、经费赒给、藏货赢储等，现存《户部式》有课役免除条件、各道贡物等内容；《度支式》有供军物资拨支内容，相当于"经费赒给"，均属经济行政规范。礼部、祠部、膳部、主客四式，规定礼仪、祠祭、宴飨、贡举等事，现存《礼部式》有祥瑞、导从仪制、官员服色等内容，相当于"礼仪"；《祠部式》有国忌行香及禁卜筮内容，相当于"祠祭"；《膳部式》有膳食制作方面内容，相当于"宴飨"；《主客式》有关于北周、杨隋皇室后裔享祭与蕃客进献、供食内容，属国家内外宾客方面的行政规范。工部、屯田、虞部、水部四式规定了兴造、屯田、虞衡山泽、川渎陂池之事，现存《水部式》有渠水使用、管理方面内容，即属于川渎水利方面的行政规范。

其余各官署之式，大多与六部诸式相当。如《光禄式》规定酒醴膳羞之事，现存《光禄式》有一条关于祭祀所用笾、豆数量的规定，与《祠部式》相当。另如《少府式》规定百工技巧之事，现存《少府式》佚文有少府监供给蜡烛及蕃客物品的内容，与《工部式》类似。再如《太仆式》规定厩牧车舆之事，与《驾部式》规定舆辇车乘近似；现存《太仆式》有牧马调习及牧马死失率方面的内容，与《驾部式》的内容十分接近。

唐代的军事制度可圈可点，这与军事方面的法制建设息息相关。在六部诸式中，属于军事法的有兵部、职方、驾部、库部四式，分别规定武官选授、军镇烽堠、舆辇车乘及甲仗仪仗之事。现存《兵部式》有酬勋叙官、给兵赐、军械处理等内容，《职方式》有大量置烽、放烽的详细规定，《驾部式》有供给官吏外出马驴的规定，《库部式》有允许私家保存非危险性兵器的规定，这些皆与军事有关。由于关乎宫城、京城的安保问题，《宿卫式》与《监门式》带有特别任务的色彩，《宿卫式》规定诸卫卫士番上之法，《监门式》规定诸卫开闭诸门之法及巡警之法，以上在现存的式文中都有若干体现。

唐式中也不缺乏民事方面的规范，散见于各类式的具体内容中，尤其以《户部式》最丰富。现存《主客式》佚文规定：独身商旅身死，财物由当地官府收管，将来有父兄子弟前来认领，须依数归还。显然，这是关于特殊情形的继承法规范。《户部式》也有一条涉及食封人死后其名下封物继承的规定。而在诉讼方面，唐式中对此规范主要集中于《刑部式》。现存《刑部式》佚文记载了对高级官吏犯公坐而处徒以上罪的鞫问方式及程序的规定，有对老小及疾不堪决杖时应否复奏的程序规定，有法律文书用语的解释性规定，等等。

唐式散佚比较严重，使我们难于看清它的原来面目，又因为过去一直将它视为"公文程式""活动细则"，更加深了人们对其地卑位薄的印象，何况唐式本来就居于律令格式这套法典体系的末尾。它的制定主体曾由低于律、令、格制定主体的部、司、监等具体部门组成，在法律位阶上式要低于律、令、格。一些古籍的相关记载展示了式的复杂地位。比如，刑事性的格在某些时候被赋予优先于律的特殊地位，如《唐律疏议·名例》"犯时未老疾"条征引了《狱官令》："某人犯罪之时恰逢格文修改，若格的处罚较轻，则从轻。"这很好地体现了律、格之间的特殊关

系。相反，式与令相较，在同样与刑律规范发生联系时，如前引
《唐律疏议·杂律》"违令"条规定："凡违犯唐令规定者，笞以
五十，而违犯唐式则减一等处罚。"这反倒给我们一种唐令重而
唐式轻的感觉。

　　唐朝是中华法系的成熟时期，以律令格式体系的完善为标
志。从篇目及相应内容来看，唐式是以行政法为主，间有民事、
诉讼等规范掺杂其间的综合法律形式。这些规范基本以篇为单
位，与唐令的篇目及内容也很接近。古代的令在发展过程中，逐
渐变成了非刑事性的、以行政法为主的各类法的总名。后来产生
的式，步令之后尘，也成了非刑事性的、以行政法为主的各类法
的总名。至于两者在唐代为何没有合二为一，值得深究。然而，
律令格式这套体系并非牢不可破，到宋代就出现了变化，元以后
这一体系更是不复存在。随着专制皇权的不断加强，敕的法典地
位显著提高，令、格、式要么在作用上遭到削弱，要么被整合成
各种事务性的规范与规则。

四、敦煌《开元水部式》赏析

　　唐朝的水资源较为丰富，除了遐方绝域和边疆荒漠之外，

"凡天下水泉三亿二万三千五百五十九"，其中自西横亘于东的两条大川为长江、黄河，一百三十五水为中川，一千二百五十二水为小川。若渭、洛、汾、济、漳、淇、淮、汉诸水，皆有泽被一方、通济往来之利。水部司是唐代六部之———工部下辖的职能部门，水部郎中、员外郎掌管天下的大小河渠，无论是天然的还是人工开凿的，以疏通畅达、利于民生为目的，凡属于漕运、灌溉等事务皆由其负责。因此，在水资源的管理与利用上，唐朝制定了《水部式》。敦煌文献中保存了一份《开元水部式》残卷，现藏于法国国家图书馆，编号为 P.2507。该文书首尾残缺，中部也有个别脱字，共存 7 纸 144 行，其中大部分内容是关于水资源管理的规定，可以说是一部专门的水行政许可法。

在保障农业生产上，《开元水部式》规定灌溉用水优先于碾硙用水。水渠还设有专门的渠长及斗门长管理，灌溉之前需预先知道耕地亩数。若于渠上设置碾硙，碾硙经营者为了获得足够的水力以驱动碾硙，必然要在渠道上筑堰。这样会导致水的流速减缓，泥沙淤积于渠底，致使水溢出渠道，水渠或遭损坏。在这种情况下，若碾硙经营者不能自觉疏浚渠道，则碾硙必须拆除。安置在小渠上的碾硙，其使用时间为每年八月三十日至来年正月初一，其他时间必须将碾硙的进水闸门加锁封住，并拆下硙石，先满足农田灌溉的需要。如果雨水充足，农田无需灌溉，则任凭使用碾硙。但是，对于漕运与灌溉的争水，《开元水部式》规定只有当完成运输任务之后，或在水量充沛、不妨碍行船的情况下，方可允许灌溉。如果航运与灌溉不能兼顾时，应优先满足通航要求，漕运是解决两京粮食问题的必然途径。因此，从地域上看，两都、京畿地区及河西诸州用水是《开元水部式》关注的要点。

在《开元水部式》中，还有部分内容涉及全国道路桥梁、渡津以及各地河道运输、海上运输管理的规定。水部司所管理的桥梁主要是地理位置突出、规模较大的交通建筑，至于较小的桥梁则由当地州县来维护、管理。京城内的小桥、街道，由将作监和诸司负责修造。皇城内的沟渠有堵塞停水之处，或道路损坏，皆令当处诸司修理。若是十字街侧破损，则令当铺卫士修理。水部郎中负责管理维护的桥梁共有11座，桥梁一般可分为石桥、木桥和浮桥三种类型。洛水中桥、天津桥属于石桥，每令桥南北的守街卫士负责洒扫。若桥面上有小的穴洞，应立即填补，仍责令巡街郎将等检校，不要无故破损。若河水上涨，令县司随时检查，以防万一。这两座桥曾在天宝元年（742）二月被适当拓宽，增加了石脚两眼，以舒缓水势。由于天津桥人流量过大，所以派有专人清扫。为了确保石桥的通行安全，唐睿宗时曾规定：除了命妇的车舆以外，其他车则禁止通过。

《开元水部式》残卷第105—109行是关于另外两座石桥的管理规定：京兆府灞桥、河南府永济桥，派遣应上勋官及兵部散官，每个季度一人，轮番管理两桥。同时，仍取当县的残疾人及中男，分番值守——灞桥每番需5人，永济桥每番2人。灞桥架设在通往长安城内的灞水之上，根据考古部门的发掘，这也是一座石桥。永济桥位于洛阳西南的寿安境内，也属于石结构的桥梁。由于石桥质地坚硬，不容易毁损，对于石桥的维护管理也相对容易。因此，官府委派的管理人员主要是残疾人或中男，而且人数很少。

《开元水部式》对木桥的管理同样谋划得十分周到，在残卷的第86—92行是关于木桥管理和维护的法律规定：都水监三津各配守桥丁30人，在白丁、中男内拣选水性优秀的男子充任，分为四番上下，仍不在卫士简点及州县杂徭之内。五月一日以后至九月中以前这段时间内，不得离家10里，随时候命。每遇河水大涨，立即追赴守桥。如能借得公私的木材、木筏等，可依令酬赏。这三个渡口仍各配木匠8人，四番上下。若破坏之处多，当桥丁匠不足，则三桥之间互通人手。如果人手还短缺，本县长官即刻根据需要摊派差役，事了之日停派。这里所说的都水监三津，系指都水监所管辖的三座木桥。由于木桥是木质结构，容易腐烂和损毁，需要经常维修，故各桥配给的守桥人丁数量较多，各30人。另外，还配有木匠8人，随时维护。

浮桥管理也是《开元水部式》中的一项重要内容。唐代华北地区最大的河流是黄河，由于黄河河宽水深，加之河底多泥沙，在黄河上筑造桥梁比较困难。所以，唐代在毗邻京师地区的黄河之上建了三座大型浮桥：河阳桥、大阳桥及蒲津桥，但在管理上各有侧重。河阳桥置水手250人，陕州大阳桥置水手200人，仍各置竹木匠10人，并计在水手人数内。关于水手来源，河阳桥水手首先于河阳县取100人，余下的150人则从河清、济源、偃师、氾水、巩、温等县拣选；而大阳桥的水手取自陕州。选拔水手还有详细的标准：一律在八等以下民户里选取水性甚好的白丁充任，一般分为四番，课役全免，而且不在征防、杂抽使役及简点之限。一旦被补为水手之后，除非身死或遭忧服丧，不得随便替换。如守护未尽职责，致有损坏，负责的官员予以下考，水手则决杖30下。蒲津桥水匠15人，虞州等地江水险难之地也配备水匠15人，皆于本州取水性良好而且熟悉木作的白丁充任，分为四番上下，课役俱免。因浮桥与石桥、木桥不同，保护与维修需很多劳动力，故大阳桥、蒲津桥两座浮桥分别配有水手250人和200人。同时，浮桥的维修需要在水下作业，对于维护人员及守桥官吏的要求也相当严格。

浮桥所使用的原材料多为竹木，故浮桥配备竹木匠，以便随时维修。《水部式》残卷第115—134行是关于浮桥材料补给的规定：河阳桥每年所需的竹索，由宣、常、洪三州的丁匠预造。宣、洪两州各造大索20条，常州造小索1200条。运输所费脚钱以官物抵充，仍差纲部运送，依路程远近而及时发遣，限期到达。大阳、蒲津两桥所用的竹桥索，每三年一换，由司竹监给竹，差使水手编造充用。拟替换的旧索，每委官吏检查核验，若质量牢固，尚能使用，不得浪费毁换，靡费民力。维护桥梁的杂匠，料需多少人丁，向上级部门申请调配，先取此桥周边的人户充当。若缺乏娴熟工匠的话，可以按前后次第差使，依番追上。若两处都要熟练工匠，当由津司与工匠所在各州沟通，按工程量多寡折番，及时摊派下去。如果当年桥梁没有劳役，那这些工匠就要缴纳课税。各个浮桥所用的脚船，皆先预备上半副，余下的调度可预备一副，随阙代换。河阳桥所用的船由宣、洪二州差使丁匠建造并运送。至于大阳、蒲津两桥所用船，《开元水部式》要求在岚、石、隰、胜、慈等州折丁采木，浮送至大桥所在位置，役使匠人修造。若桥所在地的工匠比较缺乏，必须向上级申请调配。其余供桥调度以及杂物等开支，可用当桥替换掉的物件变易转卖抵充。若用度仍然不足，要立即向上反映，与桥侧的州县相知，量以官物充抵。每年各桥的出入破用等事项，还需要上报以待审计。各桥附近有可采造者，派遣水手、镇兵、杂匠等修造、贮藏，随时按需支用，同时必须做好预案，未雨绸缪，不得临时有阙。

北方的河流于秋冬季节进入枯水期和冰冻期，为了保护浮桥设备，需要对浮桥进行拆解更换，《开元水部式》第135—140行规定了这一时期浮桥的拆解办法：诸设置浮桥之处在每年十月以后，河水正欲冰封之时务必将浮桥拆解、保存。这一工程所需人夫采运榆条以编造石笼及竹索等杂使，皆先役当津的水手及所配兵丁。如果人手不够，并以当地驻防的镇兵及桥侧州县的人夫充任。若桥在两州两县境内的，也于两州两县内均摊，仍与津司沟通相知，量需多少人夫，促使拆解工作顺利完成。但此役不得超过10日。

除了内河管理之外，《开元水部式》的部分条款还对海上运输工作作了规定，使我们了解了唐代海上运输的发达，也得窥唐代法律体系的严密。第57—61行是关于海上货船水手选拔的规定：沧、瀛、贝、莫、登、莱、海、泗、魏、德等 10 州内，共差发水手 5400 人，其中 3400 人负责海运，2000 参与平河。这些海运水手应当二年一替，可以按照功劳获得勋赏，并折免将役之年及正役之年的课役，还可以按照屯丁的标准，每个人夫服役一年的话，能获得一丁缴纳的助役钱。这一丁取自免除杂徭人家及家资殷实者，每人出 2500 文资助。由于海上运输的特殊性，第 74—77 行有关于海师选拔的规定：为了保障安东各镇的军粮供应，令莱州召取当州渡海有功勋并熟悉海洋水文环境的人，可置海师 2 人，舵师 4 人，皆隶属蓬莱镇，令候风调海晏，一同押运军粮。这些人按照京师勋官迁转的标准，满足一定年限后即可获得晋阶资格。

比较有趣的是，《开元水部式》还专门规定了中央各机构水产品——鱼的供应。都水监设有渔师 250 人，专门从事捕鱼，以供尚食、典膳、祠祭、中书门下等省司之用。其中，长期服役的渔师 10 人，并需要随驾京都，以满足皇帝及宫廷的需求；轮番服役的渔师 120 人，皆由虢州选送；由官府筹资的渔师 120 人，由房州选送。这些短番服役的渔师可分为四番，每番 30 人，主要从白丁和勋官等杂色人五等以下户中，拣选精通捕鱼者充任，也可从杂户、官户中选拔、训练以补充。担任渔师的白丁可免自身的课役杂徭。诸陵用鱼由其所在县府供应。其他需要用鱼之处及冬藏之需，由度支司每年支钱 200 贯付给都水监，按照时价支付，并将每个季度的破用数额与结存数额切实地统计下来，仍由刑部的比部司核查审计。

从《开元水部式》各个条款来看，唐朝对于河道运输和海上运输的管理非常严格细致。水资源的功能多样，不仅能为人类提供饮用水，而且为农业、工业和航运所需。如何在这几者之间获得平衡，关系到水资源的合理和有效利用。《开元水部式》规定用水的顺序则是航运、灌溉、碾硙，并未涉及百姓的日常用水，而当时的百姓用水应该是从河流或者水井中汲取。《开元水部式》之所以未加规定，可见百姓的生活用水有所保障。至于《开元水部式》将航运放在灌溉之前，原因可能在于：大运河的开通使得长江干流贯通，南方经济逐渐繁荣，立都于北方的各王朝所需粮食很大程度上依赖于南方各地，至唐时"今赋出于天下，江南居十九"。漕运直接关乎各政权的安危存亡，保障皇室和京城的粮食供应是漕运的核心工作。那么，中唐以后由于气候变迁及关中地区过度开垦，黄、渭诸水泥沙大增，漕运十分困难。因此，唐朝非常重视航运，甚至将其置于比农田灌溉优先的地位。水资源还是农业命脉，为了保证农田的水源基础，农田灌溉必须得到保证。在水量丰富、不影响灌溉的时期，唐朝才允许碾硙等手工业对水资源的利用。这反映了唐朝已认识到水资源的多种功能，鼓励开发利用水资源、充分发挥水资源的综合效益。

《开元水部式》对上下游的水资源利用作出了规定。水资源的开发利用必然会牵扯到上下游之间的利害关系，如何协调其利益关系并且合理利用水资源，是当时官府不得不面对的问题。而《开元水部式》不仅对上游的行为作出了限制，而且详细规定了上下游之间的用水原则——均水制度以及上下游之间的水量分配。均水并不是数量上的平均，而是根据所需灌溉的田亩数量，保证所有田地均能得到灌溉。我们今天也强调开发、利用水资源，应当坚持兴利除害相结合，兼顾上下游、左右岸和有关地区之间的利益。这也是千年前的唐代《开元水部式》作为部门工作细则的一点前瞻性。

第五章

唐代的诉讼、刑讯与审判

一、多渠道的诉讼形式

经过前代的法律实践及改进，唐代的诉讼形式有了长足发展，日渐严密。由于诉讼主体及案情的差异，诉讼形式一般可分为：自诉、举告、自首、官告和直诉等几种。

我们先来了解一下诉讼的形式与原则。自诉，也称告诉，是指被害人自己向司法机关提起诉讼，以揭露犯罪人及其犯罪事实，并依法要求追究犯罪人刑事责任的起诉形式。它是唐代一般刑事案件的主要起诉形式。自诉的案件通常可分为两类：一类属于"告诉乃论"的，即必须经被害人提请告诉才有可能令犯罪人承担罪责；另一类为必须告诉的，即被害人当告不告或有关主管部门得到告诉而未立案上报的，皆属违法行为，要受到法律制裁。《唐律疏议·斗讼律》明确规定：凡是强盗及凶杀案发，被害之家及其邻里同伍要及时上告州县主司。如果其家人、邻人势单力薄，相邻之人也要代为告诉。此刑案当告而不告的话，拖延一日则杖 60。主司未及时上报，误一日则杖 80、三日杖 100。州县部门未依法受理、追捕乃至推脱回避，迁延一日徒一年。盗窃等罪告诉、受理不依法的话，则减二等处罚。所以，唐代的自诉行为不仅是一种法律规定的权利，也是被害人亲属以至邻里的法定义务。

举告又称告发，唐代对此有个专门说法："告言人罪"，是指被害人或其亲属以外的知情人向司法机关告发犯罪人和犯罪事实。这也是提起诉讼的一种重要形式。唐代不鼓励对普通刑事案件进行举报，但对重大刑事案件知情不报者，则属违法行为，会受到严厉的法律制裁。《唐律疏议·斗讼律》规定：在同一伍保之内，若其人在家有犯，知悉案情而不纠举者，所犯死罪的话，则其邻伍徒一年；所犯流罪，则杖 100；徒罪的话，杖以 70。

举告并不可以随心所欲，需要防止诬告及冤假错案的发生。因此，《唐律疏议·斗讼律》对举告作了严格限制：凡举告他人有罪，务必注明年月，指陈实事，不得称疑。违者，笞 50。对于举告的受理，唐律也表现出一定的慎重，往往要经过"三审"，只有认定情况基本属实，才会正式受理。有关司法机关还有责任在正式立案之前，向举告者讲明诬告或举告不实所要承担的法律责任，举告者在此前提之下仍旧坚持告发的，司法部门要将这些情况记录在案，以备将来之用。

但是，对于直接危害皇权的重大犯罪行为，则不适用常例，要求尽快报告官府。对于知情不报者，以同案犯论处，最高可判处死刑。凡是知道谋反、谋大逆者，立即秘密报告随近官府，不告者处以绞刑。知谋大逆、谋叛而不告者，流 2000 里。对这些重大犯罪行为举告之时还应保密，但必须以实名举报，严禁匿名举报。虽然唐初对举告作出严格限制，一般不鼓励告密，但从武则天时代起，为排除、打击政治对手，在武后的纵容、支持下，告密之风盛行，酷吏得宠，人人自危，政治环境急剧恶化。

自首是指当事人的犯罪行为在未被发觉前，自己主动到司法机关投案，坦白犯罪事实和经过，并愿意接受审判的行为。唐代继承了历代自首可以减免罪责的原则。《唐律疏议·名例律》规定：凡是犯罪未发觉而主动自首者，可原免其罪，正赃仍依法征缴。其人所犯轻罪暴露了，而坦白其所犯重罪者，可免其重罪；若因问讯所劾之事而自首其他罪行者，也如法处理。若派人代为自首的，但合乎亲亲相隐及举告的原则，可视作犯罪人的自首之法，犯缘坐之罪如谋叛、谋大逆、谋反罪犯的本服期亲，即使捕捉告发，也都同于罪犯本人自首之例；若听说有人代为自首告发的，但被追究传讯而不赴官府者，不得免其罪。如果自首不属实及未彻底坦白者，以其不实不尽之罪处置；至死者，听减一等，自首而犯赃实际情况没有交代完的，只按交代不尽的数额处罚。其知道人欲告发及叛逃在外而自首者，减罪二等处罚；若仍叛逃在外而不自首，能还归本来住所者，也同样减罪二等处罚。其致人损伤，因犯杀伤而自首者，可以原免其所因之罪，仍从故杀伤法处置。属于过失杀伤的，则按过失罪处置。犯罪涉及不可备偿之物的，原物现在而自首者，听同自首；若事发后逃亡而又自首的，虽不能按其所犯之罪以自首论，但可减逃亡之坐；若不依法度关、奸侵良人，并私相授受天文知识者，则不在自首之例。第一，明确了自首原则是犯罪当事人亲自到司法机关交代罪行，或依法不应告密的亲人代替其自首或告发，才以自首论处。第二，自首者虽然可以免除罪责，但有赃物的必须退还或赔偿，防止利用自首机会谋取不法财物。第三，对没有彻底交代犯罪情节的，分别按照不实和不尽的情况予以查处。第四，强调了某些罪行不适用自首免罪的原则。从以上可知，唐律鼓励犯罪人在犯罪后自首，又严格防止犯罪人利用这一法律规定谋取私利，从而促使法律激发出作为技术工具的制衡效果。

官告是指由官方提起的诉讼，可分为纠弹与纠问两种。纠弹是指由专职的检察部门提起的诉讼。唐代行使专职检察之责的主要是御史台，负责纠弹官员的违法行为，向皇帝和有关部门提出弹劾。凡中外百官之事应弹劾者，御史言于大夫，重要者上奏朝廷。唐初的御史台缺乏司法审判权，发现官员有违法乱纪行为，可直接向皇帝提出弹劾；若有人到御史台告状，御史认为值得弹劾者，可以根据状告的内容进行弹劾。不过，从贞观末年开始，御史台也有权审理案件。自开元以后，御史台的诉讼更接近于法制意义上以证据为依据的"公诉"。京城内还有金吾卫巡察街面，纠弹平民及官吏的刑事犯罪行为，移送京兆府审理。若金吾卫在其负责检校之处，知有犯法行为而不举劾者，则减罪人所犯罪二等予以处罚。

纠问是指司法机关直接捉拿、纠察、讯问犯罪嫌疑人。纠问实际是司法机关未经起诉，而直接开始的审判程序。京城的纠问一般由金吾卫负责，对首都治安及犯罪行为进行纠察。地方官吏对无人告发或纠弹的案件，往往也可直接行使纠问权。

直诉是传统法治生活中一项特殊的诉讼制度，即在某些案情重大和冤抑未申的情况下，可超出一般诉讼管辖和诉讼程序的范围，直接向唐朝的最高统治者申诉。一般认为，直诉制度起源于西周，到了唐代，该制度更趋于完善，方式比较多样：邀车驾，通常用于案情重大而不得申理者，可在皇帝出巡之时，于其车驾经行之处，跪伏路旁，申诉冤抑。若亲属代为申诉，与其自诉相同。但这一形式是有限度的，不可冲入导驾仪仗，否则杖60。挝登闻鼓，唐朝在京城门外置有大鼓，名曰"登闻鼓"，需要申冤的可击登闻鼓以直诉。根据唐朝的制度，挝登闻鼓而诉者由右监门卫负责奏达天听。立肺石，唐代还在京城门外立有赤石，名曰"肺石"。凡老幼不能挝登闻鼓者，可立于肺石之上。立肺石而诉者由左监门卫负责奏闻。投匦状是武则天执政时期新增的一种直诉方式。铜匦即铜匣子，共有4个，分东、西、南、北方向，置于庙堂，其西称为申冤匦，早晨搬出去，傍晚收进。凡是沉冤难雪者皆可投递，并设理匦使掌管，每天受纳诉状。上表，这是指凡经三法司处断而仍不服者，即可采取此种方式，向皇帝呈递奏书，"披陈身事"，奏表一直由中书舍人、给事中、御史三司监受。若趁机因公事而入殿堂直诉的话，这就属于越诉了。

唐律不仅规定了直诉的方式，而且规定了直诉时所应遵守的基本规则，其中最主要的是直诉者，包括代诉的亲属所诉之事必须属实，且必须满足冤抑莫申这一条件。若诉讼不实，或无冤而诉，就要受到处罚。若毁伤容貌、躯体而直诉，即使所诉无半点虚假，但由于自残，仍然笞50。朝廷设立三司受事的目的，在于防止民意冤屈的壅滞。若有人诉冤，但被阻绝在各种直诉形式之外，凡是后来获得申明受理机会的，那么阻碍此事的官员应节级科罪。

我们再来看看起诉的基本原则，刑事起诉的基本原则同起诉形式紧密相连，只有在一定的条件下，才能正式进入上述起诉程序。唐代立法技术周密，起诉基本原则比较确定，主要有这样几个体现：亲亲相隐的原则。"亲亲相隐"这一伦理原则体现了儒家的基本法律思想，从西周时代开始，基本贯穿中国古代社会。到了唐代，这种反对亲属之间互相告发的原则又获得了新发展，容隐的范围也有所扩大。据唐律，凡是同居之人，若大功以上亲属及外祖父母、外孙以及孙之妇、夫之兄弟乃至兄弟之妻，皆可有罪相为容隐。这首先明确了相隐瞒的基本原则，同时规定部曲、奴婢为其主人隐匿罪行，皆不论罪；小功以下亲属互为隐瞒的话，减普通人三等治罪，由此可见唐代已将亲亲相隐的范围扩大到了部曲、奴婢以及部分远房亲属。唐律也规定了例外情况，犯"谋反""谋大逆""谋叛"三种罪，则不许相隐，违者要依法严惩。这也体现了维护封建统治阶级利益的基本原则。

反对诬告原则。历朝历代都反对诬告，在唐代诬告同样属于严重的罪行之一，诬告行为侵犯他人正当的人身权利，破坏司法权威，扰乱社会秩序。因此，《唐律疏议·斗讼律》中的第341至344条都涉及对诬告行为的处罚。而惩治诬告罪的基本原则是反坐，即将诬告之人所告他人之罪，反加于其身，以被告人的罪而论其罪，但在特殊情况下，量刑可以适当加减。

禁止匿名告发的原则，这一原则始于唐代，《唐律疏议·斗讼律》规定只要以匿名书状告人罪者，处以流刑2000里。得其匿名书状的话，应立即烧掉，若不知利害仍送到官司的，徒一年。州县官司接受匿名书状并办理者，罪加二等。被匿名告发之人，不治罪；若向上反映的话，徒三年。疏议部分对有关问题还作了进一步的解释，并区别不同情形，对不同身份的匿名信告发，以及对被告之人、州县法司受理匿名信等都规定了不同的处罚办法。

接下来看诉讼的受理过程，起诉与受理是相互因应、密切联系的两种诉讼行为。严密的起诉制度必须有完善的受理制度与之相配套。唐代刑事诉讼的受理制度也是相当完备，对于符合法定程序的起诉，有管辖权的官府必须受理。据《唐六典》刑部卷的记述，密告案件皆须经当处长官告发；长官有事，可经副长官告发。鉴于此，对于所起诉的犯罪，官府特别是主官有受理的义务。至于罪犯自首，所在官府也必须受理，其余官府不得擅自接案。刑事诉讼的受理机关专门设置，唐代刑事诉讼采用纠问式诉讼形式，行政与司法通常合二为一，而且刑事侦查、起诉与审判各职能合为一体。

因此，唐代刑事诉讼的受理机关往往也是审判机关：1. 皇帝。同历代皇帝一样，唐代的君主享有着最高审判权，对重大案件、死刑案件或者疑难案件有权进行最终裁决。皇帝直接受理的刑事案件，一是监察御史对违法官吏进行的弹劾，二是沉冤难雪之人向皇帝进行的直诉，如邀车驾、挝登闻鼓、上表等。2. 刑部、御史台和大理寺。刑部作为尚书省六部之一，主管全国司法行政，并负责复核大理寺判决的流刑以下及州县判决的徒刑以上的案件；御史台作为监察机关，负责纠察百官，并参与重大疑难案件的审判；大理寺为中央专门审判机关，负责受理、审判中央百官犯罪及京师徒刑以上案件，重审刑部递上的地方死刑案件。在唐代，若遇到重大疑难案件，一般由刑部、御史台和大理寺组成三司共同审理。3. 州、县的行政机关兼理司法，同样是地方审判机关。州刺史、县令作为地方长官，"掌察冤滞，听狱讼"，负责受理、审判本辖区内的犯罪案件。唐代的县以下还有乡、里等基层组织，但乡正、里正等乡官只是有权调处民事纠纷，协助维护地方治安，对刑事案件则无受理审判之权。

在刑事诉讼的受理程序上，唐代采用独特的"判令三审制"。据《唐六典》刑部卷的记述，凡是控告他人犯罪，除谋反、谋大逆、谋叛以外，都要分三次让控告者慎重考虑。一般情况下，受理控告辞状的官员并不在当日就对案件进行审理，而要告知控告人诬告反坐的法律责任，责其三思而行，他日再接受辞状。如此经过三次，然后才对控告之事进行审理，但案件严重急迫的话，可忽略此程序。

在刑事诉讼的受理方面，对应当受理而不予受理或者不应受理而违法受理等行为，唐律规定了明确的法律责任：应当受理而不受理，一条笞 50，四条杖 60，十条止杖 90。邀车驾、挝登闻鼓或上表诉，而主司不受理者，须加重处罚：一条杖 60，四条杖 70，十条杖 100。对于控告，依法应受理者，严禁推诿不受，否则笞50，三条加一等，十条杖70。对强盗及杀人的恶性案件，随近官司受告后而不及时受理，甚至与邻近州县互相推诿，或者假借他事而予推托者，每误一日则徒一年。对窃盗案件，可以减二等处罚。对投匿名书告人罪的，官司不得受理，若违法受理者，处以徒刑二年。对越诉者则不应受理，违者笞40。年80以上、10岁以下及笃疾者，对谋反、谋大逆、谋叛及子孙不孝、同居相侵以外的事所提出的控告，不得受理，若官府直接受理的话，各减其所指之罪三等处罚。

同时，若以朝廷大赦之前的事相告言者，不得受理，若官司接受诉状并为审理者，则以故意陷人入罪论处。对于限制控告人和控告方式的案件、已经赦免的案件，官府不得受理。不属管辖范围内的案件，则不加受理或者移送有管辖权的官府受理。对告人罪称疑者，不得受理，若官司受而为理的话，则减所告罪一等处罚；若所告他人犯死罪，对受理的官员则处流刑3000里。可见，唐律在诉讼受理方面考虑到了各种情况，并及时加以制止，保证了司法实践的严格。

在对起诉与受理方面，也有一定的限制。唐代称诉状为辞牒，法律规定了其内容方面的限制，主要是针对所告事实，如受雇为他人写诉状而随意增减内容，与告诉之事不符合的，处以笞刑 50 下；要是多加的罪状其量刑重于笞打 50 下的，则按诬告罪减一等处罚；若因接受他人雇佣而去诬告的，与自己诬告同样处罚，受纳财物的赃罪重于诬告罪处罚标准者，则依财物价值以加重二等处治，雇请之人按教唆他人犯罪论处。唐律关于教令他人告发还有进一步的明确规定：凡教唆他人告发犯罪，所告之罪不实者应处以反坐，所告属实则受赏，并以告发者为首，教唆者为从；若教唆他人告发其缌麻以上的亲属，或教令部曲、奴婢告发主人，分别减告发者罪一等处置；被教告发者，按律条中的本罪处置；若教令他人告发其子孙，照所告之罪减一等处罚。这两条规定的基本精神都是要求所告必须为事实，不得诬告。前一条主要是针对受雇者，可见唐代禁止受雇为他人打官司的规定，唐以后各朝法律均严格禁止以帮人打官司为职业的讼师。后一条是禁止教令人诬告他人，或教唆人控告亲属，或教唆部曲、奴婢控告其主人的行为，若犯此律，皆以告发者为首犯，而被教令之人为从犯。凡是经国家赦免后，不得再告，这也属于内容方面的限制。如唐律规定：凡以朝廷大赦之前其人所犯之事告发的，依其所告发之罪来处置。官员接受告发并审理的，则以故意加人罪名论处。这些非法的告发或审理致人死罪的，则处以加役流的重刑。若所告之事必须追查的话，可以不依此条。

唐代是古代身份制发展的成熟时期，表现在司法方面就是限制一部分群体的诉讼权，以保护一些人的特殊利益。这就是身份上的限制，主要表现在如下几个方面：禁止或者限制亲属间的告诉，尤其限制子孙告诉尊长。《唐律疏议·斗讼律》规定：凡是告发祖父母、父母者，处以绞刑；若告发当户内的尊长、外祖父母、丈夫、丈夫的祖父母，即使属实，也要徒二年；如果告发其缌麻、小功亲属里的小辈，即使所告不虚，也要杖 80 下，若告大功以上亲属的话，可以递减一等治罪。告发祖父母、父母入唐律"十恶"中的"不孝"之罪，所告无论虚实，子孙皆判绞刑。被告之祖父母、父母即使确有其罪，也以自首论，免于追究刑事责任。反过来，尊长告卑幼同样也是反亲为仇的行为，不利于家庭和睦，因此也要处以刑罚，但比卑幼告尊长轻了许多，而且诬告孙、外孙、孙子之妇妾及自己之妾者，则免于处罚。

禁止或者限制部曲、奴婢告主人。唐代严禁部曲、奴婢告发主人，除非是谋反、谋叛、谋大逆之类直接威胁皇权统治的犯罪，凡是告主人的都要处以绞刑；而即使告发主人的期亲及外祖父母，也要处以流刑。

禁止狱囚告举他人之事。《唐律疏议·斗讼律》规定：凡是被囚禁之人，不得告举他事，并也在《狱官令》中明确禁止在押因犯告密。当然，对于谋叛及其以上严重危害皇权的罪行，则囚徒可以向狱官举报。

对控告人权利能力与责任能力上的限制。《唐律疏议·斗讼律》规定：老、小及重度残疾之辈，犯了法既然不予量刑定罪，那么只有涉及谋反、谋大逆、谋叛、子孙不孝及拒绝供养，或同居之内的家口受到他人侵犯，诸如此类，可以告发。此外，其他的事情不得上告。如有告发，官府不许受理。这一规定对控告者身体、年龄方面作出了明确限制，又进一步规定：年龄80岁以上的老者、10岁以下的小孩以及重度残疾之人，允许告发谋反、谋大逆、谋叛、子孙不孝及同居之内受到侵犯等罪行，但其他的禁止告发。这些规定是为防止他们因不受处罚而妄告、诬告，所以只能告发规定内的犯罪，并将权利与责任结合起来，具有一定的科学性。

二、拘捕及刑讯

据《捕亡令》，唐代的拘捕贯彻属地管辖为主、共同管辖为辅的原则。拘捕事务一般由案发地的法司承担，跨界拘捕时实行共同管辖，由临近法司协调实施：有盗贼及被杀伤者，应立即向随近的官司、村坊及屯驿举告。闻告之处，要及时带领随近军人及民夫，从案发处勘寻其踪迹，共同追捕。若嫌犯转入他界，则与他界治安力量追捕。若更入他界，须同所入界的官司对量踪迹，安排妥当后，而让彼界治安人员复位。针对案件原发之地，吏人必须彻查现场，于其踪迹尽处，官司精加推讨。若贼在甲界而伤盗乙界或尸首出现在两界之上，由两地的官司联合追捕。主管地方拘捕事务的诸州府法曹参军、司法参军及县尉，品级自正九品下至正七品上不等。至于京畿地区由左、右金吾卫将军负责纠举犯罪，缉捕盗贼。

　　唐代拘捕实行属地管辖与共同管辖并行的制度又见诸《唐六典》，对于因告发而须拘捕的嫌犯，由案件受理地的法司负责拘捕，临近官府协助；告密人皆经当处长官告发；长官有事的话，经佐官告；长官、佐官都抽不开身，可向邻近官司告。若需要加急追捕，应通报到各州县，所在官司准法收捕。若涉及谋叛以上的罪行，应立即驰驿奏闻。若嫌犯为两人以上，法官有权对在逃嫌犯"直牒追摄"，允许主审机关拘传身处异地、在其行政统辖范围之外的同案犯到庭对质。当地法司应当予以配合，公文到达后不立即遣送嫌犯的，处以笞刑50下，拖延三日以上者，则处以杖100下。

　　唐代的《捕亡令》也明确规定拘捕事务由随近法司与乡村里坊等基层组织联防实施，如未能拿获嫌犯，主管法司还可记录下逃犯的年龄相貌，转到邻近州县缉查。依照这些规定，唐代当已实行通缉制度，其所谓年纪形貌，可通过画像清晰地描绘出来，并于集市、交通隘口等人烟稠密之处张贴，要求民众协查。唐律又有对"道路行人不助捕"的处罚规定：凡追捕罪人而力量不难以制服的，可向道路行人求助，行人如果有足够能力帮助而不施以援手的杖80，若碍于形势未能帮助的不论罪。若民众协助拿捕罪犯，可以获得一定奖励。拘捕的赏钱主要由征缴的赃物支付，不足时则由官府拨付。官差于本职以外参与拘捕事务者，也可获得奖赏：凡是参加纠捉贼盗者，利用征缴回来多一倍赃物（按唐律盗者，信备，谓盗一尺，征二尺），依规赏给纠捉之人。若罪人家贫无财可征或依法不合加征倍赃的话，可将所得正赃分为五等份，以其中两份赏给纠捉人。若正赃不足，官府出一份以酬赏纠捉的吏民。若有官民不受统辖而自行纠捉嫌犯者，或从犯及知情人先举告的，也可依例受赏。

　　同时，唐代强调州县与敕使、法司与军府协作拘捕。中央法司发使追拿嫌犯的话，当告知当地州县官司，不得擅自缉捕。若事态紧急而且关乎机密，地方捕获后可据公文而发遣。追捕时如遇盗贼凶悍难治，可请求当地军府出兵协助，若辖区内的兵力不足御贼，还可于邻近府县申请调拨人手。据《唐律疏议·斗讼律》"拒殴州县使"条规定：被捕者应当依法接受拘禁或扣留，若抗拒拘捕，则于法有罚，一般杖60；若动手殴打，加二等处罚；导致人受伤且严重者，按斗伤罪加一等处罚；若嫌犯已被禁锢而仍抵抗及殴人者，再加一等处罚。《唐律疏议·捕亡律》"罪人拒捕"条规定：若嫌犯采取暴力手段拒捕，捕者有权便宜处置，或捕者将其格杀，或追逐过程中击杀，或罪犯因窘迫而自杀，则追捕吏员无须承担法律责任。

在唐代诸司和州府诸曹机构下，设有佐、史若干员，诸县因级别不等，分设司户、司法等佐史。据敦煌吐鲁番文书可知，官府拘捕人犯到案，需由佐史等基层书吏拟定符帖，经长官批准，交由胥吏具体执行。在拘捕实施的过程中，官府吏卒及乡里村坊基层组织广泛参与各类诉讼活动，拘捕活动与受理、告诉、庭审、执行等诸多环节相互关联。作为基层治安联防机关，乡里村坊虽然没有受理之权，但基层组织往往接近案发地和嫌犯，是容易探知案件线索的重要途径。

嫌犯到案后，就要马不停蹄地展开讯问，而术审制是当时行之有效的讯问方式，古人将其概括为：或招引而与之亲近，以观察其情感如何；或故意疏远而观察其不经意的表现；或紧急讯问以窥探其神态；或各种情况参用以察其变，或用酒灌醉以诱导其苦衷，或通过暗地里侦察以探其虚实，或从其外表神色以探知其状态。这些都属于不用刑讯手段以收集案情、完成审判任务的一般方式，有的操作难免玄乎其玄。那么，唐代的审讯特点也大致遵循以下几点。

审理案件"必先以情"，这"以情"二字有着两重含义：一以审判官之情，即审判官要发挥主动精神，运用智慧展开审判活动；二以囚犯之情，即审判官要依据狱辞推导出禁囚的欲之动、心之行，也就是案件的事实和情节，毕竟还原案件事实是作出合理判决的必然前提。

审讯方法是"审查辞理，反复参验"。所谓辞，就是狱讼双方控诉与辩护的言辞；理是情理、逻辑和规律。"审查辞理"意即运用"五听"手段，仔细推究、考察狱讼双方控诉、辩护的言辞是否合乎情理、逻辑和事物规律，以认定案件事实和适用的法律。"反复参验"就是反复谋虑、忖度如何获取证据和审查、判断已经获得的各种证据，以便对案情获得中肯的认识。

定案的根据是"赃状露验，理不可疑"，疏议对此作了简要解释：统计赃物要起获真实的赃物，杀人者要得到真实的案发现场，一切关于案件的证据明明白白，合法合理，尽管没有禁囚的口供，也可以根据证据定案处理。依证据定案是唐代术审制的一个重要方面，也是区别于拷讯的特点之一。

拷讯，即审讯时施行拷打，逼取口供的一种审讯方式，也就是通常所说的刑讯。从唐律规定来看，并非一抓获嫌犯便采取拷打手段，还有一定的程序限制。

拷讯必须具备若干条件：在经过术审之后，出现了"事有疑似，犹不首实"的情况，而且口供对于案件的澄清具有决定意义；必须将需要拷讯的原因备案存查，并取得现任长官的核准。若是奉敕在外办案，或实际上并无现任长官，审判官也可自行决定；拷讯对象方面也有限制，比如依律应当议、请、减者等。"议"者指皇亲国戚、达官显贵等"八议"之人；"请"者指皇太子、皇妃大功以上的亲属及官爵在五品以上的人；"减"者是官爵在七品以上和五品以下官员的有关亲属；老、小、废疾者。老、小系指70岁以上或15岁以下的人；废疾，即"一支废、腰脊折、痴哑、侏儒等"。根据《唐律疏议·户婚》的规定：笃疾（恶疾、癫狂、二支废、双目盲等）也属于免受拷讯之列；"赃状露验，理不可疑"者，因其可以根据案发现场或起获的赃物来审理、决断，所以不应拷讯；至于"事已经赦，虽须追究"者，此类犯罪已经失去了拷讯的必要；法定期间内的孕妇、产妇及疮病患者，其中妇女以整个孕期及产后百日为限，而疮病患者则以病愈之时为限。无论如何，这些限制性条件都值得赞赏。

法司在拷讯方面同样有着具体标准，比如关于拷打器具，唐代专门的拷打器具称为讯囚杖。贞观时期的制敕及《唐律疏议·断狱律》"决罚不如法"条都规定：讯囚杖皆长三尺五寸，削去节目，大头三分二厘，小头二分二厘。如果长短、粗细违反法律规定，拷训之人要受笞 30。若使用不合规格的器具拷掠，造成致人死命的则处徒刑一年。另外，在拷打数量上也作了限制。据《唐律疏议·断狱律》"拷囚不得过三度"条规定：凡拷训在押犯人不得过三次，总数不得超过 200；处以杖罪以下的罪行，拷训时不得超过其所犯之数。唐律还规定，拷讯犯人后，须经 20 天方能再行拷问，同样不得超过三次。如违反这一规定，则要被杖罚 100；若总数超过 200，拷讯之人要承受所超过的杖罚数。因滥施拷打而致人死命者，则判处徒刑二年。尽管唐律对拷打频次作了限制规定，可在当时的社会环境下，并不能减轻刑讯的残酷性。

在实施拷训的过程中，对拷打部位也有着明确限制。唐律规定：处以笞刑的犯人，可以大腿、臀部共同分担笞打次数；处以杖刑者，脊背、大腿及臀部一起承受杖打，但次数要均等；笞刑以下也允许脊背、大腿、臀部三者分别承受。同时，实施拷讯的人要保持一致。除此之外，法律对不得拷打的部位也作了规定。贞观四年（630）十一月十七日下敕禁止鞭打罪犯的背部，可能鞭打背部很容易将犯人的腰脊打折而导致全身瘫痪的悲剧。近200年后的文宗大和八年（834）又重申了这一敕令：天下州府犯了轻罪的人，除非罪状重大、国法难容的，其他过失误犯或者普通公事违法，可依贞观四年（630）十一月十七日制处分，其人不得鞭背。

诚然，唐律和诏敕对拷讯制度的一些规定和要求带着一些人道主义温情。但在历史的实践中，可能不时地越过法规的车辙。唐朝由其封建专制制度所决定，在实际的审判活动中充斥着拷讯这种野蛮方式，而且拷讯的方法和程度也远远超出了法律允许的范围。如载初年间，酷吏来俊臣在都城丽景门内设立一所推事院。每当审讯之时，不问所犯轻重有无，都要施以酷刑，最有名的典故莫过于"请君入瓮"。当时的酷吏索元礼创立了名目繁多的拷讯办法。如把受审者的手足与木棒捆在一起，然后拧动木棒，摧残受审者的四肢；要不将受审者的腰固定，再用力向前拉脖子上的木枷，或倒吊受审者，并在其脖子上悬挂石头、铁器等。唐后期由于强藩当道，法治沦丧，私设刑狱，残酷的拷训层出不穷，连勋贵阶层也不能自保。

三、唐代的审判制度

唐代刑事审判机关的组织体系一般包括两大类型：一是专职审判机关。唐承隋制，依然由大理寺专门负责审判。武后光宅年间，大理寺曾一度更名为"详刑寺"。中宗神龙元年（705）之后，又恢复旧称。大理寺中设置有卿、正、丞、司直、评事等官员，负责具体的审判事宜。据《唐六典》卷18的规定，大理卿执掌整个国家的刑案审理之事，少卿为其副手；大理正负责参议刑狱，辨正法条之事，丞则分管当寺的机关事务；大理司直掌管出使到州县覆查审理工作，评事也外出巡视地方的司法审判。正和丞是卿和少卿以下最大的官员，如果将卿和少卿比作今日首席大法官及其副职的话，那么正和丞就是高级法官及其副手，司直、评事则专门负责承旨出差办案。

二是兼理审判的机关，一般指各级行政机关具有兼理审判之权。这又有中央和地方之分：从中央系统来看，在专制主义的君主政体中，最高统治者皇帝既是最高的立法者，又是最大的审判官。他可以将其臣民任意交付审判或自己亲自审判而不受任何法律约束，同时还拥有最高复决的终审裁判权。如《贞观政要·刑法》中记载，太宗曾定制：自今以后，死罪皆令中书、门下两省四品以上官员及各部尚书、诸寺九卿共同商议；凡定为死刑的，虽说可杀，仍需遵循三复奏之制；若有据法令当死而情有可原者，务必上奏。唐初的最高行政机关是尚书省，职责是总领百官，协助皇帝开展有效的国家治理，发挥提纲挈领的作用。司法既然从属于行政，那么行使审判权当然也可视为其分内之事。中书、门下二省与尚书省并称三省，而尚书省下辖六部，六部又下辖二十四司。由于行政兼理司法，所以三省六部二十四司均可行使一定的审判职权。

从地方上来看，具备兼理审判职权的行政机关主要分为州（府）、县两级。据唐玄宗开元二十八年（740）的户部资料记载，当时全国置州（郡）328个，置县1573所。州的长官设刺史（郡为太守，府为府尹）、别驾（或长史）、治中（或司马）等官吏，县设令、丞、主簿、尉等官吏。州、县各级还有负责具体事务的诸司属吏，州有司功、司仓、司户、司田、司兵、司法等参军事，在府内则称功、仓、田、兵、法各曹，在县则为司功佐、司仓佐、司户佐、司田佐、司兵佐、司法佐，所有这些机构都可称为判司。唐代的县以下还有以乡正、里正和村正为首的基层政权组织。据《唐六典》卷30的规定，刺史一类州官的职责是：每岁都要巡视辖区内的县乡，熟悉当地风土人情，亲近百姓，检查刑狱，慰问鳏寡之人，貌阅丁男人口，将百姓疾苦了然于胸；若有不行孝悌、悖礼乱常、不守法令之人，一律纠举出来，绳之以法。而别驾、长史、司马一类官吏的职责，则是围绕上述任务各尽其职。京畿及天下诸县令也要宣传政令、引导风化、抚慰黎民百姓，同时受理本县内的冤屈，诉讼、刑狱之事，亲力亲为，其下属各曹佐自然也要围绕这些职责而开展工作。

在具体审判时，唐朝还设立了一些基本原则，十分重要的有同职连署制。唐制规定，按照职责将同一审判机关的所有审判官分为四个等级，即长官、通判、判官和主典。长官是众官之长，通判乃长官之次，判官是主审官，而主典是经办文书、核查具体工作的人。这四个等级的官就是同职官。所谓连署，是指在具体案件的审判活动中，所有参与办案的同职官都要在判决文书上签署姓名和意见，以示共同负责。

在中央审判机关——大理寺的审判活动中，唐朝的同职连署制得到了充分体现。一般情况下，大理寺设有正卿1人，少卿1人（神龙年间增为2人）；正2人；丞8人（天册万岁年间减为

6人）；司直6人；评事12人；此外还有主簿、录事、寺史等，总共有200余人。在审判中，大理卿是长官，少卿及正可为通判，丞、司直、评事为判官，主簿、录事、寺史等则可充任主典。每一起案件都要有相应的四等官员连署意见，并对办案质量按照各以所由为首的原则以承担关联责任。唐律对"各以所由为首"作了具体界定："若主典检请有失，即主典为首，丞为第二从，少卿、二正为第三从，大卿为第四从，即主簿、录事亦为第四从；若由丞判断有失，以丞为首，少卿、二正为第二从，大卿为第三从，典为第四从，主簿、录事当同第四从。"如果丞的意见本来正确，错案乃因少卿、正、正卿等连署意见改判所致，那就只追究"异判以上之官"，对丞则不予追究。如果舛错的原因在于主典官的检校、核实、呈请工作，追究起来则按主典、判官、通判、长官的顺序层递负责。在中央的省、部、台、院，地方的州（府）、县等审判活动中，同职连署制也有相应体现。即使是"其阙无所承之官"或"即无四等官"时，需要在程序上作某种变通，但同职连署的原则一直普遍适用。

三司推事制也是一项重要的审判制度。这项制度见于杜佑的《通典》：凡遇到重大或疑难案件时，要由尚书省的刑部、御史台、大理寺三大司法机关派员组成临时性的联合审判机构。凡被派充三司联合审判组织成员的官员，都叫"三司使"。三司使又有不同的规格。据《唐会要》的记载，有重大案件的话，朝廷即命令御史中丞、刑部侍郎、大理卿一起讯问，称为大三司使；而以刑部员外郎、御史、大理寺官员审讯的话，谓之三司使，没有"大"字。因此，三司使似有大小之分，但《唐六典》又提供了另一种：御史台由大夫亲自出马，中书、门下两省相应地由中书令、侍中出任才合适，并强调大事奏裁，小事可以专断。这显然是比大三司使还要高级的联合审判机构。

此外，唐代还设立了都堂集议之制。都堂集议也就是《唐律疏议·名例律》"八议者"条所说的，尤其"八议"之人（亲、故、贤、能、功、勤、宾、贵）犯死罪时，要在尚书省的大堂集体讨论所犯罪行、应予宽免的情节及拟定罪名，形成可供皇帝裁决的审判意见。

比照现代法治概念，唐代也存在着案件的审判管辖一说，可分为事务管辖和地域管辖两大类别。其中，唐代审判的事务管辖，又分为依照审级确定的管辖和依照身份确定的管辖两种情况。

1. 依照审级确定的管辖：此处所说的"审级"，实际上就是政府机构的等级，与今天我们常说的几审、终审制的"审级"不同。唐代兼理审判的政府机构，就审级而论，中央系统则可视皇帝为一级，三省、六部及大理寺为一级，六部所辖的二十四司为一级，共为三级。而地方系统上，州（府）为一级，县为次一级，县以下的乡、里、村等又为一级，貌似也是三级。其实，由于中央各部的司和地方的乡、里等，一般情况下只能做些治安、调解之类的工作，不能行使正式的审判权。所以中央和地方实际各有两级，也就是说，从中央到地方，基本上共有四级。不过，无论在中央还是在地方，究竟哪一级审理哪一类案件，制度上并不完备。所谓依照审级确定的管辖，也只是大体上的轮廓。一般而言，徒刑以上的犯罪则一定要由县以上的机关或大理寺进行初审，然后报州或刑部进行复审。依照审级确定的管辖，其宗旨是重大疑难的刑事案件要由上级审判机关进行审判，而一般轻微的案件，则交由下级审判机关来审判。

2. 依照身份确定的审判管辖，这实际上是一种特权管辖。除了"八议"所涉及的群体外，还扩大到统治阶级的一般官僚：凡在京城外的长官及出使之人在当地犯罪了，其部下官吏等不可对其展开审讯，必须上奏听裁。若所犯之罪当处以死刑，可以将其羁押，但要保留其官员身份以待朝廷审理。违反这个规定的话，可减去待罪官员所犯四等罪刑来处罚。这里的在外长官，一般指的是都督、刺史、折冲、果毅、镇将、县令、关监等长官及诸使人。至于当司的次长官以下，及出使之人所在官府的僚属，并不许立即讯问；若该处没有长官，次长官中而配有鱼符、印信的则视作长官，但都要事先向上司汇报，听候裁定。保留身份一般指的是不可褫夺这些犯罪官僚的印信。总体上看，在外长官及负有特殊使命的人在外犯罪，当地官员无权审判，必须向上申报，听候裁夺。

而唐代审判的地域管辖，又可分为单一的地域管辖和牵连的地域管辖两种情况。单一的地域管辖是指一人一案的地域管辖，即如制度所要求的：凡有犯罪者，皆从罪行发现的州、县推而断之。这是最基本的也是最简单的地域管辖。牵连的地域管辖相对复杂，是指一案数人或一人数案、数人数案，使地域管辖权限发生牵连关系时，不得不重新确定到底由谁负责审理的刑事管辖问题。据《唐律疏议·断狱律》"鞫狱停囚待对"条规定：在囚犯暂停审问、等待更多证据之时，负责审判的官员可以直接凭据公文追拿不在本辖区的同案犯。此处所言乃牵连的地域管辖中的一种，当管辖权发生了牵连关系时，原已确定的地域管辖权限一般都会根据实际需要而发生变更。

在初审之后，唐代还会有复审制度，一般分为移送复审和申诉复审两大类。

1. 移送复审是审判机关将案件移送上级审判机关请求复核、审批的程序。《唐律疏议·断狱律》"应言上待报而辄自决断"条规定：凡在进行审理定罪的过程中，应该向上汇报而不汇报的，应等待批准而未等待的，或自行拿定主意的官员，按明知故犯或过失罪减三等处罚。据《唐六典》卷6记载，唐代的移送复审主要有几种：一是移送于州的复审，如县里审理的徒刑以上案件，全部要报送州里复审。其中属于徒、流罪的，复审后即可批下执行。如果是死罪，必须由州进一步上报，最后由朝廷决定。二是移送于省的复审，即移送于尚书省刑部的复审，但有条件限制：首先移送于省的复审范围是大理寺、京兆府、河南府直接受理的徒刑案件和官吏犯罪的案件，俟后有削减政策，须申省司详细复核，确保没有失误之后再下发执行，若有不当之处，随时驳正。三是移送于皇帝的复审，其范围是大理寺及各州受理的流刑及死刑案件，两者都要经过省的核查，然后奏请裁决。

2. 申诉复审就是根据在押人员的申诉，对案件再次进行审理或重复审理。唐代的申诉复审又有原级复审与上诉复审之别。如果在押人员听了判决宣告以后，立即声明不服，请求原审机关再次审理则进入原级复审程序。《唐律疏议·断狱律》"狱结竟取服辩"条规定：凡是刑案审理完结，其人所犯徒刑以上，需要召集犯人及其家人，详细告知罪名和刑罚，都要记录服从判决或抗诉的文书。其人不服判决的话，可以依法上诉，重作周密的审理。若法司没有这么做，判处徒刑案件的负责官员被笞打50下，属于死刑案件的责任官员受杖100下。从上述规定可知，原级复审的时机是在案子已"结竟""已判讫"，即在案件审判终结，并向被告人宣读判决之后。原级复审的条件一是判徒刑以上乃至死刑的犯罪，二是要经被告人本人提出复审的请求。请求复审的法律后果是必须重新审判，原级复审应由原审机关进行。对压制申诉及不依法进行复审的审判官给予刑事处罚。

若复审后，当事人仍不服，诉讼就将进入上诉复审的程序，即逐级向上申诉，请求复审。《唐六典》卷6对此有着明确规定：凡有冤情难以平抑而欲申诉的，先由本司本籍的官员复审，路途遥远的则由随近官员复审。总之，先由初审机关所在地的上级地方机关复审。若对这一级的复审结果仍然不接受，则向尚书省左右丞提出申诉，再次请求复审。若对此复审意见仍持异议，只好向由刑部、大理寺、御史台派员组成的三司提出申诉，请求复审。若想直接向皇帝提出申诉、请求复审的话，上表是法定的方式之一，还包括挝登闻鼓、立肺石及邀车驾等。可见，唐代不仅允许上诉复审，并且方式多样，理论上甚至可以一直申诉到最高统治者那里。

有唐一代对于司法审判的质量非常重视，在唐朝制定的《考课令》中，便将审判的质量和效率作为考核司法官员的重要标准：凡"决断不滞，与夺合理"，则属于审判技术之最；而"推鞫得情，处断平允"，则号称法官之最。一个时代的法治状况如何，司法审判的质量和效率是一项重要的衡量标准。如何评价司法审判的质量和效果，首先要看判决的结果是否维护诉讼当事人的合法权益，是否维护法律的公平正义。总之，严格的考课标准，有助于提高审判质量，造就一个公平公正的社会。

四、出土文书里的唐代诉讼与审判

我们不能仅停留在律令的记载中来想象唐代法制的运行情况，敦煌、吐鲁番等地发现的唐代判例文书有许多是当时地方司法状况的真实反映，如敦煌文书 S.6417 号背《年代不详（10世纪前期）孔员信三子为遗产纠纷上司徒状》、P.3257 号后晋开运二年（945）十二月《河西归义军左马步押衙王文通及有关文书》，吐鲁番出土的贞观年间《高昌县勘问梁延台雷陇贵婚

娶纠纷事案卷残卷》及开元二十一年（733）《西州都督府勘问
蒋化明失过所事案卷残卷》等，皆为唐代西北地区司法机关的
真实裁判文书。不过，敦煌、吐鲁番等地发现的唐代文书中也
有许多是当时的虚拟判文，这些判文是唐代明法官吏根据此前
发生的审判案例或律令格式的法律条款编纂而成，并非不切实
际的构拟。这些集中起来的判文主要有《安西判集残卷》《唐开
元二十四年九月岐州郿县县尉牒判集》《唐永泰年代河西巡抚判
集残卷》《文明判集残卷》《开元判集残卷》《唐西州判集断片》
等。透过这些饱含法律价值的司法判例，不仅真实地再现了唐
代诉讼、审判的原貌，也为我们深入探究唐代司法机关的审判
过程和办案质量提供了重要资料，还展示了唐代基层法治的实
态。

　　唐高宗麟德二年（665）十二月《高昌县追讯樊粪垍不还牛
定相地子事案件断片》是一件涉及土地纠纷的经济案件，丁男樊
粪垍之父死亡，应退回口分田一亩，官府将之重新分配给牛定
相，而其子樊粪垍却不顾田令规定，迟迟不还。从文书的内容来
看，该案件提起诉讼的时间是麟德二年（665）十二月某日。高
昌县衙受理案件后，立即下令坊正追拿樊粪垍到县，时间是十二
月十九日。某果是高昌县的司法行政官员——县令或县丞，由其

作出了立案受理的批示。吐鲁番文书《开元中西州都督府处分阿梁诉卜安宝违契事案卷断片》是一件关于合同履行的案件，原告阿梁控告卜安宝租佃其葡萄园，违约不按时覆盖，结果造成葡萄树冻伤，请求官府责令被告依约覆盖。济为当地官府的司法官员，他批示被告务必遵守契约，并指示下属，以后诸如此类的小事，不必经官动府，可以不履行诉讼程序而直接处理。P.3813 号《文明判集残卷》中记载了一个投毒盗窃的案件：豆其谷邀请同宿之人共饮，暗地掺入毒药令其迷乱，遂窃其财，所得财物计值十匹。事发后审讯，嫌犯不得不吐露实情。最后的判决结果是：一般的偷窃虽非强盗，但用药迷晕他人以行窃则按强盗论处。P.2593 号《开元判集残卷》中收录了一个民事纠纷的案例：隰州刺史王乙妻育有一子，令坊正为其雇一奶母，每月酬资为一匹缣。不幸的是，王乙之子百日便夭折了，其妻拒不付奶母佣金，奶母只得诉之官府。透过这些司法审判文书，使我们对唐代的诉讼审判制度有了比较清晰的认识。

　　法律规范是普遍而绝对适用的标准，同时摒弃掉人情因素。但适用道德原则时，最终判决必须考虑到具体的环境和人。毕竟在现实生活中，经常发生法律与道德相违忤的案件，如何对这类案件进行论证分析，提出合理的判决理由，对司法人员而言很有挑战性。唐代的司法人员并不是机械地适用法律，有时会充分考虑到现实因素，作出法治与人情两不相碍的判决。P.3813v《唐七世纪后半（？）判集》第156—171行是一组忠孝两难的案例：宋里仁兄弟三人原贯扬州，隋末大乱，四处播迁。里仁如今入籍甘州，两弟分别贯属鄠县和幽州，俱入军府，其母原贯扬州不改。因母亲年老多病，不能随其子迁徙，特申户部请求合贯。判称：三人现在俱入边陲户籍，而且加入了军队服役，按令不得迁移。但考虑到军府州不得迁移的原则主要为了所谓"防奸"，不应杜绝其尽孝，因而"不可执军贯之偏文，乖养亲之正理"。于是，最终判决：移子从母，宋氏兄弟得以由"边贯"、军府之州（军贯）迁往扬州。因此，在唐代一些司法审判活动中，已充分考虑到自然灾害和意外社会事件等难以预料的因素所造成的新情况，一般会发生在赋税征收、财物转运和人身伤害等方面的案件中。

这些出土的唐代司法文书中，大都记录了民事、刑事案件起诉、立案、审理、复核以及最终判决的时间，这与唐律的规定保持一致。据《唐律疏议》规定：凡是告发他人犯罪的，必须注明确切的年月，指陈实事，不得随便称疑，否则笞50下。所以，《唐西州高昌县武城乡范慈为诉君子夺地营种事残卷》中明确记述了诉讼当事人起诉和官府受理的时间："某年某月日武城乡范慈，辞。"高昌县受理的日期也会详细说明。《麟德二年五月高昌县追讯畦海员赁牛事案卷》是一件唐代高昌县司法机关审理民事诉讼的案卷，该文书明确记述了地方长官的审问日期。《唐开元二十一年西州都督府案卷为勘给过所事》也清晰地列举了当地官府受理、讯问的日期：正月廿四日受理，廿五日行判，负责的官吏——录事参军元宾签字，并承诺检无稽失。在《宝应元年六月康失芬行车伤人案卷》中，记录了高昌县司法长官——县令"铮"最后的判决意见以及签署判决文书的日期是"廿二日"。从敦煌吐鲁番出土的唐代判例文书来看，地方司法机关对于简单的民事、刑事诉讼案件，通常在四五天内就审结了事。《唐开元二十二年录事王亮牒诉职田佃人欠交地子案卷》中，当地司法机关的受理、审判时间为十一月六日至八日，案件从受理到判决仅用了3天的时间。所以，唐代的诉讼审判十分重视效率，尽可能节约司法成本，有效利用司法资源，迅速审结民事、刑事等方面的诉讼案件。

对于比较复杂的诉讼案件，司法机关需要花费较长的审理时间。在《唐开元二十一年西州都督府案卷为勘给过所事》中，记述了蒋化明案从立案、审理到判决的时间：开元二十一年（733）正月十七日蒋化明到西州主人曹才本家，因过所被盗而丢失了出行凭证，于正月二十一日被捉送到西州官府，正式进入到三审立案程序；正月二十九日法曹对此案进行了勾检，并呈报当地最高司法长官，这期间经过了初审和勾检官程序；二月五日，当地司法长官作出了判决，特别强调蒋化明不是逃户，且有人代为担保。在裁判文书的末尾，有西州当地官员府、户曹参军、史、录事、功曹摄录事参军多人的签押，并提供了具体日期。从本案各位官员签署的日期看，北庭金满县人蒋化明因丢失了出行凭证——过所，于正月二十一日被捉送到西州官府，经过三审立案的程序后，于正月二十九日正式立案，进入到审判程序，到二月五日最终作出判决，整个诉讼审判时间是14天。而从正月二十九日正式立案到二月五日作出判决是6天的时间，与唐代《公式令》"中事十日，谓须检覆前案及有所勘问者"的要求恰相吻合。

唐代刑事案件的受理实行三审立案的审核制。凡告人犯罪，非谋叛以上皆令三审。据律，应该受理的诉状，法司要公开出示，使当事人知晓；若控告人不能识文断字，缺乏书写能力的话，由官府里的书吏代为写之。三审立案制度有效预防了诬告和滥诉的现象，确保了立案与审理的准确。如西州高昌县康失芬行车伤人事一案，案情较为复杂，但仍遵守着唐代的三审立案情况：第16行至第25行是高昌县令"舒"一审的讯问记录；第26行至第33行是高昌县令"舒"二审的问案记录及签名；第34行至第42行是高昌县令"舒"三审的问案记录以及被告康失芬请求保辜的申请；第45行至第60行是高昌县勾检官"诚"对被告康失芬的担保人何伏昏提出保状所作的审核，并呈请高昌县的县丞"曾"、县令"舒"以作最后批示。

唐代的审判活动还惟妙惟肖地体现在民间文学作品中，如敦煌写本《燕子赋》比较完整地描述了诉讼、受理、传唤、讯问、押禁、审理、判决、结案等一系列司法过程，对法律纠纷的产生、案件审结的余波也描写得绘声绘色。在语言表现上，该赋借用了当时大量的政治法律术语，如落籍、括客、格、棒脊、流、笞、追帖、对推、收赎罪价、枷、枷禁、狱子、状、牒、收赎、国有常刑、判、格令等，丰富了文学作品反映生活、表现生活的能力。研究者多把《燕子赋》视为民间文学，作品本身确实包含了很多俗语、口语、俚语，充满了活泼的民间文学风味。此赋完整地展现了原告——燕子、被告——雀儿、主审长官——凤凰、助审——本典、狱子及差役——鹌鹑等文学形象，这些鲜明形象透露着强烈的法律意识和社会心理。雀儿在燕子面前凶悍无比，恃强凌弱；不仅强占房屋，对燕子还"不问好恶，拔拳即搓；左推右耸，刬耳捆腮"，而且以落籍、括客恐吓燕子，大言不惭地吹嘘道：野鹊是他的表丈人，鹈鸠是他的家伯父。州县长官都能沾亲带故，攀扯上关系，并恐吓道：而今发公文追拿他，要和你拼到底咧！真的到了鹘鹈前来捉拿，又吓得心惊胆战，仍不失狡猾，企图贿赂以拖延时间。在凤凰面前，雀儿一方面被吓得魂飞胆碎，只得口口惟称死罪，一方面又百般图赖，拒不认罪。被收押到狱中后，三番五次对狱子卑言相求脱去枷锁、对本典吹捧乞求给以方便。由此可见，这些审判情节与法律词汇和谐地交融其间，足够说明法律元素比较深入地融入唐代民间生活，已成为世俗社会的一个组成部分。

在现存的唐代判例判文中，经常可以看到司法人员对那些事实清楚、证据充分的案件，依照唐代律令条文和朝廷诏敕进行一番圆满的论证，并作出合理判决。地方法司都有一个良好的法制现象：尽力去摸清案件的原原本本，毕竟法律事实作为能够引起法律关系产生、变更和消灭的客观情况，是司法裁判的前提和基础。因此，有唐一代为了应对纷繁复杂的诉讼案件，对诉讼程序作了许多制度设计，对审判效率和审判质量也提出了更高的要求，进一步推动了中国古代诉讼审判制度的发展。

第六章

唐代名案举隅

一、长孙无忌带刀入宫案

唐初名臣长孙无忌出身于鲜卑贵族河南长孙氏，是隋朝右骁卫将军长孙晟之子，其家世为北朝重臣。但他幼年丧父，与母亲高氏、妹妹长孙氏被异母兄长孙安业赶出家门后，便投奔舅舅高士廉。他生性聪慧，勤奋好学，博通文史，颇有计谋，与唐国公李渊的次子李世民过从甚密。高士廉见李世民才华出众，便将外甥女长孙氏嫁其为妻。而长孙无忌也渐渐成长为秦王的心腹重臣，并果断地参与了武德九年（626）六月四日的玄武门之变。鉴于情势危急，唐高祖李渊册立李世民为皇太子，任命长孙无忌为太子左庶子。同年八月，李世民即位，是为千古一帝唐太宗。他册封妻子长孙氏为皇后，以长孙无忌为左武侯大将军。九月二十四日，唐太宗下诏，隆重地认定参加了"玄武门之变"的亲信——长孙无忌、房玄龄、尉迟敬德、杜如晦和侯君集等5人功居第一，并晋爵为国公，各食邑3000户。诏书宣布后，在朝中引起了轩然大波，诸将争功，纷纭不已。唐太宗为了顾全大局，经过一阵子的挣扎与权衡，到十月，最后敲定了一份包括43人的功臣名单。这个名单分为两类，其中第二类功臣是参加或者支持"玄武门之变"的太宗亲信，共有20人，也是本次受封人数最多的群体。其中16人确实参加了"玄武门之变"，他们是长孙无忌、尉迟敬德、房玄龄、杜如晦，分别食实封各1300户。长孙顺德为1200户。侯君集、张公谨、刘师立三人各1000户。高士廉、宇文士及、秦叔宝、程知节四人各700户。屈突通为600户。李孟尝、段志玄、庞卿恽三人各400户。余下4位虽然没有直接参加"玄武门之变"，但在此之前已经成为太宗的亲信，如刘弘基（900户），唐俭（600户），张亮、杜淹（各 400 户）。这次分封酬勋，封户达到并超过 1000 户的共有 13 位，其中太宗的亲信功臣就占了 8 人，超过了一大半。由此可见，在武德、贞观之际的政治转向中，太宗的亲信功臣才是这场刀光剑影中的真正主角。

　　唐太宗对亲信的重赏不仅仅是针对"玄武门之变"的功劳，同时也对他们寄予了厚望。这毕竟不是一批普通的功臣，而是太宗在过去近 10 年中精心挑选和网罗到的一批精英人物，所谓文可治国，武能安邦。他们不仅能够帮助太宗夺取皇位，而且还是治理国家必不可少的帮手。唐太宗就是要把他们紧紧地聚拢在自己的周围，组成一个新的强有力的统治核心，以此来巩固自己的统治和地位。后来，这些人中有不少被唐太宗委以重任，最著名的当数有"房谋杜断"之称的房玄龄和杜如晦。此外，长孙无忌、高士廉、宇文士及、侯君集、张亮、杜淹等人在唐初的政治及军事方面均有可圈可点之处。唐太宗正是依靠他们的智慧和力量，君臣同心同德，才成就了"贞观之治"的千秋美名。我们对这 43 名受封功臣作一番仔细分析后，清楚地看到了这样一个事实：此次分封，房玄龄、杜如晦、长孙无忌的地位又在诸多亲信功臣之上。当然，这一切荣誉还没有到达顶点。贞观十一年（637）六月，太宗决定任命 14 位功臣为世袭刺史，分别是长孙无忌、房玄龄、杜如晦、李靖、高士廉、李孝恭、尉迟敬德、李勣、段志玄、程知节、侯君集、李道宗、刘弘基、张亮。贞观十七年（643），太宗又确定了在世的24名功臣名单，令丹青高手绘其形象于凌烟阁，以示恩宠，而长孙无忌依然在列。

贞观时期这两次褒奖的功臣人数比武德九年（626）少了很多，人员也相对固定和集中。如果加上武德九年的那次受封，这些功臣中连续三次受到太宗褒奖的共有12人，他们是长孙无忌、高士廉、房玄龄、杜如晦、尉迟敬德、侯君集、张亮、程知节、段志玄、李孝恭、李靖、李勣。唐太宗和这12位功臣的关系非常密切，除去尉迟敬德、程知节、段志玄和李孝恭外，其余8人都曾被太宗任命为宰相，而长孙无忌、高士廉、房玄龄、杜如晦、程知节等5人与唐太宗是儿女亲家。在前后20年的时间里，唐太宗和这些功臣能够一直推心置腹，互相信任支持。可以说，这也是古代君臣相得益彰的伟大奇迹，也足见太宗亲自选定的这个政治集团相当成熟与稳固。

长孙无忌在贞观元年（627）的地位已经难以企及，先是受命改任吏部尚书，并被定为功臣第一，封齐国公，食实封1300户。他的身份极为特殊，既是勋臣，又是国戚，深受唐太宗的礼遇。同年七月，李世民又拜长孙无忌为尚书右仆射。当一切看起来风平浪静时，往往就有蹊跷之处。据《贞观政要·公平》所载，长孙无忌被唐太宗召见，他没有解掉佩刀便直入东上阁门，而在出阁门之后，监门校尉才发觉。这是一件危及皇帝人身安全的大案！因此，朝廷紧急召集大臣集议如何处置这一事件。其中，尚书右仆射封德彝认为：以监门校尉没有及时发觉，其罪当死；而长孙无忌因疏忽带刀直入宫内，应当处徒二年，并罚铜20斤。太宗认可了这个使君臣皆有面子的建议。但是，大理少卿戴胄因之辩驳道："校尉与无忌二人同属于失误。可是臣子之于君父，不得称误，律典上说：'给皇帝准备的汤药、饮食、舟船，因疏失而未达标者，皆处死罪。'陛下若酬劳臣子的功勋，这不是法司所能决定的；但要依法惩处无忌，罚铜则未免过轻。"太宗对曰："法不是朕一人之法，乃天下共同遵守之法！无忌虽贵为国戚，但不可废天下之法啊！"因此，更令大臣定议。而封德彝执议如初，太宗也将听取其议，戴胄又继续铿锵有力地驳道："监门校尉因无忌以致罪，于法当轻，若论其过误，则两人其实都一样，但生死顿殊，敢以固请！"于是，太宗乃免校尉之死。这便是有名的长孙无忌带刀入宫案。

对于本案中长孙无忌不解佩刀的行为，一般都认为这是一个过失行为。比如在《旧唐书·长孙无忌传》中，对于长孙无忌与唐太宗的君臣关系有一个背景铺垫："太宗以无忌佐命元勋，地兼外戚，礼遇尤重，常令出入卧内。"因此，长孙无忌出入宫廷在当时是一件稀松平常的事情，这就容易造成其对于出入太极宫产生一种固定的思维模式，从而造成不解佩刀的疏失。

《唐律疏议》在大内安全方面有着详细规定，凡阑入宫门的，处徒刑二年。阑入宫城门，处以同样刑罚。在其余条款中，如"越垣""防禁违式""宿卫冒名相代"之类，凡有犯宫门、宫城门的，也按此标准处罚。宫门皆有门禁制度，不应进入而进入者，必须徒二年。嘉德等门为宫门，顺天等门为宫城门，但阑入两者的话，治罪标准相同。阑入殿门之人，要处以徒刑二年半，持仗而阑入者罪加二等。仗一般指的是兵器、杵棒之类，其他条款提到的仗也是这些东西。如太极等门为殿门，阑入者处以徒刑二年半。若将兵器、杵棒等阑入宫门，罪加二等指的是处徒刑三年；若持仗阑入殿门，则处以流刑2000里。兵器专指弓箭、刀稍之类，而杵棒或铁或木为之，这显然比徒手进入殿门、宫门要有更大的威胁性。

阑入上阁内的，处以绞刑；若上阁内有侍卫，则同阑入殿门一样处罚。宫内诸门不实行门禁制度的有肃章、虔化等门，这些门可以通往禁内，若由此阑入，同样处以绞刑。上阁之内指的是太极殿东为左上阁，殿西为右上阁，这两个地方没有专门用于出入的名籍，因公应人者可以奉敕由专人引入，阑入者则处以绞刑。上阁之中一般没有警卫侍立，若阁内有人传唤，才可持仗进入。其有不应入而入者，同阑入殿门之法，处以徒刑二年半，持仗阑入者流2000里。若持仗进入上阁及通往禁内诸门，或并未持仗而至皇帝起居之处者，各处以斩首。但情属迷误而无故阑入者，可以奏请裁决。若奉敕命召唤警卫而应进入上阁内的，那么随仗引入之人，可带刀子之类；但警卫不在内而持寸刃进入者，也按照阑入之法惩处；要是随身所带非兵器、杵棒之属，止得绞刑；一旦持有兵器、杵棒者，则斩之。虽然在警卫引导的情况下入阁，但不应带横刀而擅自带入者，则减二等治罪，处以徒刑三年。

也有观点认为，本案中的案情判定很大程度上取决于长孙无忌佩带了什么样的刀子。其实，这有点画蛇添足了。从上述严密的唐律条款来看，入宫无论随身带有什么样式的兵器、杵棒，只要进入大内都将构成重罪——侵犯了最高统治者的人身安全，而且在绝大多数情况下必须处以极刑。总之，长孙无忌确实犯有持仗阑入之罪。

长孙无忌是长孙皇后之兄，可入"八议"中的"议亲"之列。但是，遇到了一个难题，长孙所犯之罪属于"十恶"，于法又不当入"八议"。任何法律都是由人制定的，当然也要通过人来执行。本案在定罪量刑方面体现着浓厚的人情因素，长孙无忌虽犯有重罪，唐太宗又不想追究到底，可还得强调国法不能冒渎。因此，只好让大臣集体讨论该如何治罪，究竟适用哪一款法律条文，希望通过这一途径来尽量减轻处罚。皇帝既然对长孙无忌给予宽免，那么对犯了同样性质罪名的监门校尉处以极刑就不合情理了，所以同样赦免了他的失误。这样均平的处理方式，正体现了情理在古代法律适用中的巨大价值。

长孙无忌对《贞观律》和《永徽律》的编撰发挥着重要作用，从《唐律疏议》的字里行间即可看出其对于法律的深刻认识和完备细密的法律逻辑。可是，唐高宗上台后，在贞观遗风的时代背景下，经长孙无忌之手炮制了"房遗爱谋反案"如此骇人听闻的政治案件。房遗爱乃房玄龄之子，身是驸马，贵为国戚。但在案件中，长孙无忌并没有效法戴胄的程序至上和犯颜直谏，房遗爱也没有遇到最高统治者的虚心纳谏，甚至连封德彝的照章办事也抛之脑后。因此，长孙无忌在"房遗爱谋反案"中所表现的只剩下罗织陷害、罔顾是非。让人始料未及的是，"长孙无忌谋反案"让长孙无忌再一次成为罪犯，彻底站到了皇权和律法的对立面。天道轮回，这一次再也没有戴胄、再也没有英明的唐太宗，煊赫一时的长孙无忌在黔州被逼自缢。

二、武则天时期的猫鬼与厌魅

唐人以为蛊毒有很多种，罕能究悉，本来事关旁门左道，邪恶至极，不可备知。造畜蛊毒的一个经典做法就是：将各种毒虫收集置于同一器具之内，时间久了而互相咬食，其他毒虫皆尽，唯独蛇在，便号为蛇蛊。在永徽四年（653）修成的《唐律疏议·贼盗律》中，专门设置了"造畜蛊毒"条，规定凡是自己造作、畜养可以害人的蛊毒，或者教令他人为之者，处以绞刑；与造作、畜养之人同财共居的家口即使不知情，或里正、坊正、村正等知悉而不纠举者，皆流放3000里。同时，若自造、传入以及畜养猫鬼之类的蛊毒，或教唆他人为之的，都应处以绞刑。如果共同预谋而造，治罪的话就要区分首犯与从犯。人所共知，在有唐一代的律法中，疏议与正条有同样的效力，"若自造、若传畜猫鬼之类"竟被当作法例载入皇皇法典，足见"猫鬼"影响既深且远。

　　针对这种恐怖的情况，《唐律疏议》"十恶"中列有"不道"专条：凡是造合、畜养成蛊的，或非造合而仅仅引入者，只要能够害人的皆属此类。如果没有畜养成蛊的话，则不入"十恶"之罪。自汉代以降，历代刑律均对造畜蛊毒的行为施以重刑，严惩不贷。汉代的《贼律》规定：只要以蛊毒害人或教唆他人这么做的，则弃市。延及北魏，太武帝于神䴥中下制：造作蛊毒之人不论男女，皆斩首，并将其家焚为灰烬；至于巫蛊之人则背负羖前抱狗，沉于水泉。开皇十八年（598）五月，隋文帝特此发布诏书以诫告天下：凡畜养猫鬼、蛊毒，行厌咒、歪门邪道的人家流放到不毛之地。此诏明令"猫鬼"为旁门左道而其被严禁，并且列于蛊毒之前。除了《唐律疏议》关于严惩造畜蛊毒的规定之外，有关造畜蛊毒的条文在皇帝诏敕的加持下不断完善，中宗神龙二年（706）五月特别强调：因造畜蛊毒而流放者，若其情理难容，则禁止放回原籍。德宗建中三年（782）正月又敕：流贬之人及左降官员死亡的话，准许亲属运回原籍下葬，唯有因为造畜蛊毒而流徙之人，不在此限。这也从侧面说明，"猫鬼"在中古时期有着较广泛而深刻的影响，其被禁止具有普遍的司法实践意义。

　　蛊毒虽然神秘可怖，但隋唐五代时期的蛊毒案例仍不乏一些规律可循。首先，蛊术有一个显著特点，多在本家族内部传授，神秘性较强，而且累世相传。可见，蛊一般由人畜养，不过也存在无主的飞蛊。其次，蛊毒有自己的生物特征，外在形态比较繁多，但以各种虫和蛇最为常见。比如，一般的蛊毒种类包括蜘蛛蛊、蚯蚓蛊、蛇蛊、鼠蛊等，其中以蛇蛊居多。蛊毒发生的区域涉及长安、并州、越州、荆州、樊川、汴州等地，遍及关中、河东、河南、江南、山南五大地区。前人观察到的所谓中蛊毒后的症状，包括心腹有染，突然困乏疲惫不已；要不高烧到口出狂言；心腹胀鼓却形销骨立；晕厥失明，感觉心肝有物唼食，其痛难忍等。医家巢元方也记载道：中蛇蛊者于病发之时，腹腔内热闷难耐，胸口不畅，肢体沉重，舌头肿胀，懒于言语，或身体疼痛，心腹之中又似有虫爬行，面色发赤，伴以唇口干燥。

令人欣慰的是，蛊毒能够被治疗，既可由其造畜的主人亲自解除，也可用专门的解药治疗或以其他仪式禳解。就治愈之法来讲，要治愈中蛊的患者，最简便的一种即必须设法令其吐出蛊物。如要根治以防止传播，就必须将蛊物杀死，可采用油煎、火烧或炭烤，不一而足。这些蛊毒治疗的案例中，有的与佛教僧人有关，有的是通过名医或市井中的江湖郎中，还有的通过偶遇的某良工教授的方法治愈。以此观之，唐五代之人懂得医治各种各样的蛊毒，可见当时社会对蛊毒已有清晰的认识。

与隋唐法律、诏敕相照应的是，"猫鬼"之蛊曾在上层社会中留下了十分恐惧的踪迹。独孤陀是北朝重要政治人物独孤信的第六子，隋文帝皇后独孤氏的异母弟，最初以父亲的军功受封建忠县伯。后来，其父被宇文护陷害致死，他随家人被流放到了蜀郡，在那里居住生活了 17 年。宇文护被诛之后，独孤陀一家人才得以返回长安。杨坚建立隋朝后，任命独孤陀为将军，不久出任郢州刺史，后升任上大将军、延州刺史。独孤陀这个人喜好旁门左道。最初，他的外祖母高氏蓄养"猫鬼"，后来借机"转入"独孤陀家，其母郭氏和妻子杨氏都是驯养"猫鬼"的职业高手。隋文帝对此有所耳闻，起初并不相信世上有"猫鬼"的说法。开皇十八年（598）初，独孤皇后和太尉杨素的妻子郑氏先后病倒了，隋文帝诏命御医给她们诊治，御医便惊呼道："这是'猫鬼'之疾啊！"

隋文帝认为独孤陀是皇后的异母弟，而独孤陀的妻子又是杨素的异母妹，故怀疑是独孤陀合起来故意害她们。于是，派左仆射高颎、纳言苏威、大理正皇甫孝绪、大理寺丞杨远彻查此案。独孤陀的婢女徐阿尼供称：她亲自豢养"猫鬼"，每逢子日深夜去祭祀，因为"子"就是老鼠。"猫鬼"每次杀了人，被害者家中的钱财就会神不知鬼不觉地转移至豢养"猫鬼"的人家。有一次，独孤陀的酒瘾犯了，其妻杨氏说："没钱去打酒啊？"可又说："可以指使'猫鬼'去越公杨素家去搞钱，那咱们买酒的钱就够用了。"徐阿尼于是就开始诅咒杨素。没几天，"猫鬼"就去杨素家里了。后来，隋文帝从并州返回长安，独孤陀就对徐阿尼说："可令'猫鬼'去皇后居住之地，让我得到更多的财宝。"徐阿尼又开始念念有词，驱使"猫鬼"去了皇宫。

大理寺丞杨远命徐阿尼把"猫鬼"呼唤出来。徐阿尼于是在夜间放了一盆香粥，一边用汤匙敲打盆子，一边神神叨叨地念道："猫女可来，无住宫中。"好半天的工夫，徐阿尼面色青黄，仿佛被谁扯拽一样，忽然说"猫鬼"已经回来了。隋文帝听了杨远的汇报，勃然大怒，以其事命公卿集议，奇章公牛弘认为："妖由人兴，杀其人可以绝此左道！"当即下诏，赐死独孤陀及其妻杨氏。独孤陀的弟弟独孤整苦苦哀求，隋文帝才赦免了独孤陀一家。但死罪可免，活罪难逃，独孤陀被免除爵位官职，贬为庶民，妻子杨氏被强行送到寺院剃度为尼。先是有人告官，称其母为猫鬼所杀，文帝以为妖妄，大怒而赶走其人。现在真相大白，方知事态严重，于是隋文帝同时下诏，诛杀所有豢养"猫鬼"的人。宋人编的《太平广记》专列"猫鬼"一条，对此事有着精辟评价：大业时期"猫鬼"之事萌发，乃有家养老猫专行厌魅之术，颇有灵验，最终导致互相诬告，京师及地方州县被诛杀灭族的多达千余家，皇亲贵胄也在所难免。可隋朝覆灭之后，这种古怪之事也就随之消亡。

无独有偶，唐初也发生了"猫鬼"之事。永徽六年（655）十月，唐高宗采纳李义府的计策，下诏废王皇后及萧良娣皆为庶人，并囚于别院。武昭仪感觉还不够泄其私恨，便令人皆缢杀之。皇后母柳氏、兄尚衣奉御王全信以及萧氏兄弟等，并配流岭外。然后，遂立武昭仪为皇后。没多久，又追改废后姓为蟒氏，萧良娣为枭氏。王氏、萧氏被囚禁之初，厉声大骂道："愿阿武为老鼠，我化作一只猫儿，活生生地咬破她的喉咙！"武后暴怒，自是宫中不再养猫。从前朝之事看来，武则天所畏惧的猫并不是动物界里的猫，而是当时社会上流行的巫蛊之————"猫鬼"。

当时有名的医家孙思邈、苏恭针对"猫鬼"之疾都开过药方。据孙思邈《备急千金要方》所载，中了蛊毒的症状有千种之多，但各不相同：有的鲜血直流；有的畏光而窝在暗处；有的喜怒无常；有的四肢沉重，关节酸疼，等等。有的患者得了蛊毒之后，拖了三年才死，有的一个月内骤亡，有的百日内辞世。因此，为了预防蛊毒，出门需要随身携带雄黄、麝香、神丹等重药，则百蛊、猫虎、狐狸、精灵之类的东西不敢附体。民间也有针灸之法，一开始中了蛊，要及时在心下用大艾炷施灸100下，猫鬼蛊也可以因灸而愈。或在脚的小指尖上施艾炷3下，蛊毒之物会泄漏出来，若酒上得者有酒出，饭上得者有饭出，肉菜上得者有肉菜出，然后便治愈了。有人认为孙思邈在"猫鬼"治疗上的做法乃得"医者巫也"之真谛。

除了"猫鬼"之外，武则天在位之时还发生了厌魅之事。长寿年间，武则天特别宠信一个叫韦团儿的宫婢。韦团儿常年居于宫中，渐渐喜欢上了太子李旦——后来的唐睿宗，甚至产生了非分之想，急于上位做其妃子。然而，李旦并不愿意。有一次，韦团儿突入太子房间，强与太子求欢，正好被到来的皇太子妃刘氏和德妃窦氏撞见。二妃将韦团儿严厉训斥了一番，其人又羞又怒，便下了狠心报复二妃。长寿二年（693）的一天，韦团儿找来两块桐木，一块写上"武"字，另一块写上"周"字，在上面扎上一些铁针，趁二妃不注意的时候，将桐木埋到她俩的院子里。之后，韦团儿跑到武则天处，诬告皇太子妃刘氏与德妃窦氏（唐玄宗生母）厌咒武皇，诬告她们的居所藏着扎满铁针的桐木小人。厌咒同样是一种令人恐惧的做法，也是一项足以置人于死地的罪行。唐律规定，对自己的长辈实施厌咒是不道之罪，属于"十恶"的范畴。女皇派人去查个究竟，结果真的挖出了桐木小人。武则天大怒。正月二日，二妃在嘉德殿朝见武则天，待二人退下之后同时遇害。她们的尸体被埋在宫中，无人知道具体藏于何处。

皇太子李旦明知二妃遭人陷害，也不敢声张，更不敢过问，怕惹火武则天以招来杀身之祸，每天只好装作若无其事。韦团儿害死二妃后，仍继续攀求太子。太子知道二妃之死是韦团儿所为，对其痛恨不已，岂能答应她的非分之想？便严词拒绝。谁承想，受辱后的韦团儿由爱生恨，转而企图谋害太子。幸亏有人将她的阴谋及时奏报武则天，迅即将其处死，宫廷得以暂安。

这件案子的背后与"猫鬼"一案一样，处处都有唐律的支撑和映照。凡部曲、奴婢告发主人，不属于谋反、谋大逆、谋叛的，皆处以绞刑，治罪不分首从；告发主人的期亲及外祖父母者，处流刑；告发主人大功以下亲属的，处以徒一年。如果诬告主人的缌麻亲，比起一般人要罪加一等；小功、大功亲属另递加一等。按此规定，奴婢一般情况下是不能告发主人和主人亲属的，否则将被治罪，轻者徒流，重则绞、斩。但在例外情况下，则不受处罚。本案中的韦团儿只是户婢身份，而以厌咒当朝皇帝的恶逆罪名告发皇太子二妃，这正是其可恨之处。所以，韦团儿虽是宫中奴婢，即使告发主人，也未被依法追究责任。

本案的核心罪名之一是厌咒罪。唐律的《贼盗律》"造厌魅及造符书咒诅欲以杀人"条规定：凡有所憎恶，而造作厌魅及编造符书咒诅他人，并欲以杀害者，各以谋杀论罪并减二等处罚。但是，厌魅、诅咒期亲尊长及外祖父母，夫，夫之祖父母、父母的，则不减罪而处以斩刑。如果涉及当朝皇帝，罪无首从，一律杀无赦。本案中的刘、窦二妃及窦妃之母庞氏皆被定罪为厌咒皇帝，依律当斩。因此，如果排除诬告这个因素的话，刘、窦等人的死罪很难被赦免。

另一个可悲之处，本案中的韦团儿诬告主人有反逆之罪，按规定诬告者应该从严处斩。至于诬告罪，唐律的诬告谋反大逆条规定：凡诬告人谋反及大逆的，处以斩刑；随从之人诬告者，处以绞刑。如果由于个中缘由导致所告不确，推断其情理不属诬告者，可以上奏；若告发预谋大逆及叛乱等罪，但不够确定的，也可如此处理。《唐律疏议·斗讼律》还有多条规定：凡是诬告人的，则依所诬告罪罚的轻重，反过来处置诬告者；或有纠举弹劾之权的官员而借私仇弹劾他官，却不属实，也依次处置；凡在职官吏诬告其上司的，加其所告之罪二等。但是，由于当时的刑侦技术不高，同时主要因政治斗争的需要和利益的驱使，诬告者不但不会受到法律追究，反而使被诬告者丢掉了身家性命或官爵名位。

三、永王璘谋反案

天宝十四载（755，天宝三年，唐玄宗改"年"为"载"）十一月，平卢、范阳、河东三道节度使安禄山以奉诏讨伐杨国忠为名，以大军 15 万公然叛唐，史称"安史之乱"。天宝十五载（756）六月，潼关失守，长安不保，玄宗仓促入蜀。随后，发生了马嵬驿之变，太子李亨分兵北上。七月，太子即位于灵武，并改元至德，玄宗被遥尊为太上皇。同月，仍在入蜀途中的玄宗只得下诏，以太子李亨任天下兵马元帅，都统朔方、河东、河北、平卢等节度兵马；而永王李璘充江陵府都督，统山南东路、岭南、黔中、江南西路等节度大使。十月，唐肃宗敕令永王璘归觐于蜀，永王拒不奉诏。十二月，永王璘率领舟师沿江东下。至德二载（757）二月，永王璘于丹阳境内兵败逃亡，后在途中被杀，唐玄宗迫于形势宣布永王东巡为叛乱。这就是安史之乱期间唐廷内部的"永王璘事件"。

唐玄宗上台以来，为了保证自己皇位的安定和防止皇子间为争夺继承大统之权而手足相残，先后设立了"十王宅"和"百孙院"，以便控制皇子皇孙。此后，这些皇嗣虽然也有拜官，但都是遥领，并不出阁赴任。因为此项制度直接关系到江山社稷的稳定，所以一直在唐玄宗时期严格地执行着。即便是安史叛军攻陷洛阳之后，这一做法也没有发生新的变动，甚至仓皇幸蜀之际的唐玄宗依然企图将儿孙们牢牢地拴在身边。这一点史书专门有所交代：天宝十五载（756）六月，玄宗在幸蜀途中，仪王以下十三王随从。这十三王再加上当时从行的第一继承人——太子李亨，便是当时玄宗在世的所有皇子。并且，延王李玢的子女有36人，不忍弃于道路，牵连数日，行动迟缓，没有跟得上唐玄宗逃难的节奏，还让其大发雷霆。由此可见，唐玄宗提防其子孙的心理多么严重！

然而，形势发展迅疾，很快超出了唐玄宗的掌控。太子李亨在部分朝臣、将领的积极拥护下，大胆作出了挥兵北上的决策，而唐玄宗原本并未派遣太子李亨分兵北上、也不可能允许其单独行动。因此，唐玄宗在木已成舟的客观形势下，不得不承认太子的展翅翱翔，诏准其可以单独行动。而已在太子位子上等候了近

20 年的李亨，一旦脱离了其父的控制和意志，很快就蹦跶到了登基称帝这一步。天宝十五载（756）七月十二日，46 岁的老太子李亨在灵武即位，尊玄宗为太上皇，并派使节通知尚在入蜀途中的唐玄宗。但因当时路途遥远，交通不便，新天子的使者花了近一个月的时间方才赶到蜀郡。

唐玄宗既然承认了肃宗未经批准的擅自即位，只好派出自己的使节北上，补足新君即位的一切必备程序。同时，身为太上皇的唐玄宗通过诰的形式保留了发号施令的权力，尤其强调"去皇帝路远，奏报难通之处"，他老人家能够以"诰旨"随事处置。可是，唐玄宗的这个发令权很短暂。因此，自天宝十五载（756）七月十二日，太子李亨灵武即位起，到至德二载（757）九月二十八日广平王收复西京止，彼时风雨飘摇中的唐王朝实际存在着两个权力中心：一个是辗转于灵武、凤翔之间的西北地区，擅自即位而最终得到承认的唐肃宗；一个是奔波于西南巴蜀一角，虽然已被迫退位却又不甘心完全交出权力的太上皇帝唐玄宗。而永王璘事件就不早不晚地发生在这一唐朝内部权力交接的微妙时刻。

太子李亨的不辞而别让唐玄宗措手不及。于是，在入蜀避乱的途中，唐玄宗想必对自己多少年来"圈养"皇子的手段进行了反思，当然也不忘拟定新的战略布局。天宝十五载（756）六月十六日或十七日——即太子李亨离开玄宗的第二天或第三天，也可能就是李璘奉命赴镇的时间。如此看来，永王赴镇就有了更深刻的政治军事意义。不甘心的唐玄宗仍为自己争得了一定时间、一定范围内的有限权力。这样他一方面可以贯彻自己的战略意图，为抗击安史叛军做准备；另一方面，也可以借此来发展自己的实力，与得到朔方军拥戴的肃宗朝廷相抗衡。永王赴镇为握有发令权的唐玄宗正式派遣，而唐肃宗最初应该不知道永王出镇，但毕竟他与唐玄宗达成了两个权力中心并存的妥协方案。所以，在随后一段时间内，唐肃宗对此暂未提出异议。永王璘的出镇既为唐玄宗派遣，也为唐肃宗默许，是一种享时甚短的合法行为。

在唐玄宗颁布的《命三王制》中，明确以皇子取代诸将熟悉兵事，并将全国划分为几个战区，分别由太子李亨、永王李璘、盛王李琦、丰王李珙共同分担、管辖。应该说，这一决定也能窥出唐玄宗的老谋深算。在到达蜀郡后，很快又发布了《銮驾到蜀大赦制》，重申了他的决定："朕用巡巴蜀，训厉师徒，命元子北略朔方，诸王分守重镇，合其兵势，以定中原。"然而，盛王李琦、丰王李珙并未离开玄宗左右去赴任，真正出镇地方的只有擅自北上的太子李亨和奉命出镇南方的永王李璘，而李璘还曾被委任为江淮兵马都督、扬州节度大使。所以，玄宗的平叛计划与战略意图就只能通过这两位皇子来完成。

玄宗在普安制置之时，除了令永王节度山南东道、岭南、黔中、江南西道四道之外，还在盛王李琦的势力范围内给永王安排了一位故人——刘汇，而刘汇与玄宗旧相房琯的关系比较亲密。可见，刘汇曾是永王的老部下，此外也是玄宗可以倚信的旧臣。由于盛王李琦没有出镇，本来划归盛王管辖的淮南、河南等地就由刘汇等人具体负责。所以，永王璘除了在所辖的四道之外，在淮南、河南二道也具有一定的影响力。可以说，按照唐玄宗的人事安排，长江中下游的广大地区名义上由永王和盛王二人分治，实际上却由永王总揽其事。

玄宗的人事安排，自然逃脱不了唐肃宗的政治嗅觉。权力并未完全巩固的唐肃宗不敢否决唐玄宗的发令权，但暗地里积极谋划，部署对永王军队的防备和征讨。而江南东道与淮南道之间的长江下游沿岸，也早已超出了永王有权管辖的江南西道。可是，无论玄宗还是肃宗都没有下达永王东下的命令。永王东巡的冒险行径合乎玄宗的战略意图，也得到了其支持。但在肃宗眼里，这是一场不折不扣的政治叛乱，对新天子的权威构成了严重威胁。应该说，在南、北两个政治中心并存的情形下，永王出镇很难说不是玄宗的孤注一掷，而肃宗在处理永王问题上确实十分棘手。一直小心谨慎的唐肃宗对于永王出镇不敢有一丝马虎，其实防范一事早有苗头。至德元载（756）十月，肃宗颁布了《令永王璘归觐于蜀诏》，而永王居然没有服从诏命。从那时起，肃宗君臣便计划着如何防范永王集团及其背后的玄宗势力。

平心而论，永王从来没有以割据和谋乱来号令东南一地。即使在吴郡太守、江东采访使李希言平牒李璘，致其发怒，在两军即将交战的前夕，李璘回复李希言的牒文中也仍然以"上皇天属，皇帝友于"的身份自居。李白《永王东巡歌十一首》甚至也能提供证据：其一云"永王正月东出师，天子遥分龙虎旗"；其五云"二帝巡游俱未回"，其十一云"试借君王玉马鞭，指麾戎虏坐琼筵，南风一扫胡尘静，西入长安到日边"。到了至德二载（757），肃宗已将永王视为叛逆，便派出高适、来瑱、韦陟等人去解决这一问题，而在永王军中的李白还天真地以太上皇之子、当今皇帝之弟的身份来看待李璘。

在今天的江苏镇江，李璘水军先是击败了挑衅的地方势力，但当唐肃宗派出的宦官使者出现在江对岸时，李璘内部军心涣散。本来唐帝国的共同敌人是安史叛军，而唐肃宗竟以"讨逆"

之名对准了永王璘。这一波政治宣传和军事镇压咄咄逼人，让李璘部下顿感失去了合法性和正义性，于是纷纷无心恋战。至德二载（757）二月十日，李璘兵败润州。十天后，逃至大庾岭的李璘被江西采访使皇甫侁擒杀于驿舍，其子李惕也同时被杀，而皇甫侁派人将李璘家眷送还蜀川。

在李璘兵败之前，玄宗调兵遣将予以支持。永王兵败之后，在玄宗和肃宗的权力角斗之中，玄宗已失去可以倚靠的政治资本，而肃宗基本完胜。在这紧急关头，玄宗只能眼含老泪，下诰宣布永王东巡为"擅越淮海，公行暴乱"，以向肃宗妥协。而当永王被杀的消息传到蜀中时，玄宗伤心痛悼了好久好久。

永王璘事件在唐律中有着切实的法律依据。凡预谋造反及行大逆的，皆处以斩刑；父亲及 16 岁以上的儿子处以绞刑，15 岁以下的儿子及母亲、女儿、妻妾（含儿子的妻妾）、祖孙、兄弟、姐妹或部曲、财产、田宅皆没收归官，其中男性年龄 80 岁及笃疾类病残、女性 60 岁及废疾类病残都免于处罚；伯叔父、兄弟的儿子都要流放 3000 里，不管户籍的同异。若其人企图造反，但词理不能惑动众人，威力也不足以率人起事，仍然处以斩刑。若相与谋划造反是真，但实际上没有造成危害；若自言有大富大贵的征兆，或假托灵异现象，妄言兵马战争之事，虚说造反由头，传布迷惑众人，却无真状可验者，当从妖言乱众之法。以上情况的处置依然严厉，父子、母女、妻妾并流3000里，资财不在没官之限。要是参与谋大逆的，则处以绞刑。由此可见，谋反罪的处罚是全律最重的，正犯必定处以斩刑，同时亲属缘坐的范围非常宽泛，相应处罚也十分严厉。即使仅仅停留在口头上的谋反，没有展开实际行动的，正犯依然处以极刑，直系亲属也要连坐而流放3000里。

　　大诗人李白还被牵涉到了永王璘事件中。他并不是李璘的主要谋士，因为附逆得罪，便被捕入浔阳狱中。这一年李白已经56岁了，白发苍苍，心力交瘁。尽管在李璘幕府中只有两个月的时间，但由于事情十分严重，按罪也当诛不赦。好在郭子仪肯出面相助，才改为流放夜郎。宣慰大使崔涣和御史中丞宋若思也为李白的安危极力奔走，认为其罪行轻微，应予宽免，并上书朝廷，推荐李白是可用之才。但唐肃宗完全拉下脸来，只是先允其假释出狱。尘埃落定，李白终未能躲过这一劫，当年十二月底，对他的处罚应该是加役流。李白的《江上赠窦长史》写道："万里南迁夜郎国，三年归及长风沙。"此处的三年应该是实打实的而非虚数。于是，至德二载（757）十二月，李白开始了他的流放生涯。乾元二年（759）三月，因关中大旱，民不聊生，肃宗决定大赦：天下在押的囚徒，犯死罪改为流刑，而犯流罪以下的一切赦免。"江行几千里，海月十五圆"，在水路上辗转了 10 多个月的诗人抵达了巫峡，也终于等来了好消息。而那首著名的七绝《早发白帝城》随之诞生。

四、长庆科场案

古代科场案有不少都是请托造成的，这也是科考的主要弊病之一。科举制成熟时期的唐朝概莫能外，在党争甚嚣尘上的唐后期，科场案羼杂了许多复杂因素，体现着皇权、官场、仕林和法治之间的多重较量。

长庆元年（821）春，朝廷命礼部侍郎钱徽与右补阙杨汝士负责当年的贡举取士。在尚书省所辖六部中，礼部主管科举，而礼部侍郎负责具体的科举考试、人才选拔，品阶为正四品下。门下省、中书省各设左、右补阙，职掌"供奉讽谏"，品阶为从七品上，可就朝廷的诏敕和时政得失展开批评，位卑而权重。从钱、杨二人的职掌和品阶来看，礼部侍郎钱徽系此次科举取士的主考官，右补阙杨汝士履行辅助、监察职能。可以说，科举取士的安排工作符合制度规定。

但在正式开考之前，刑部侍郎杨凭之子杨浑之向西川节度使段文昌献上书画，以求进士及第。我们知道段文昌又不是主考官，只好当面请托钱徽，并写下私人保荐书信。而"锄禾日当午"的作者——翰林学士李绅也为举子周汉宾向钱徽打了招呼。可发榜后，杨浑之、周汉宾两人并未及第，名单上却有数位高官的亲属子弟，如李宗闵女婿苏巢、杨汝士季弟杨殷士、裴度之子裴譔等。看到这个出人意料的结果后，段文昌遂以取士不公向穆宗奏报，强烈要求重新考试。

唐穆宗对此事十分重视，但没有直接作出处分，只是先向翰林学士元稹、李绅询问。李绅本来就因请托未成而心生不满，李宗闵倒是本案的受益者。好巧不巧的是，元稹当时与李宗闵有着私人恩怨。因此，针对这样的徇私枉法，李绅和元稹便自然而然地要求秉公办理，从而促使皇帝下决心彻查此案。本案并不复杂，涉案人员比较明确：段文昌不仅是请托人，还有举报人，而钱徽、杨汝士二人则是主要案犯。

而段文昌的个人地位不可小看，他曾于元和十五年（820）任中书侍郎同中书门下平章事，次年初便请辞相。长庆元年（821）二月，穆宗委任段文昌为西川节度使。在当时服从唐王朝的藩镇中，西川一地比较特殊，西川节度使的上升空间往往直指宰相，所以西川被称为"宰相回翔之地"。而在科考开始之前，恰好段文昌卸任相职，但其政治影响力还在，对下级官员仍有较强的约束和威慑。他个人也是相当自信，由其亲自出面向钱徽请托，自认无不成之事。

鉴于杨浑之没有上榜，更由于李宗闵、裴度等高官的亲属子弟等一一及第，以致段文昌怒而向唐穆宗申诉。令人瞠目结舌的是，作为请托人的段文昌竟敢于直接告发，而皇帝接到其奏报后立即处理，这些都间接证明了段文昌政治影响力的余温不低。蹊跷之处在于，钱徽并没有举报段文昌请托一事，一个重要的原因可能还是害怕段文昌的权势，故本案中段文昌的请托行为未受到任何惩处，段文昌毫发无损。若依唐律规定，嫌犯举告他人是受到限制的。正由于段文昌位高权重，无需顾忌潜在的打击报复，方以携私之嫌，勇于揭发不法之事，使得长庆科场案现形于光天化日之下。

案犯钱徽有着家学渊源，其父钱起诗名在外。唐代以诗赋取士，应试诗赋繁多，但能为人传诵者稀少，而钱起的《省试湘灵鼓瑟》便是其中名篇。钱徽于贞元初年进士擢第，元和年间升任翰林学士，之后又被提拔为中书舍人，这些都是当时读书人梦寐以求的人生阶梯。他因上疏直谏而被革去翰林学士，后来又被穆宗任命为礼部侍郎。就个人品行而论，钱徽称得上清正廉洁。他任职江州时，曾有释放蒙冤的 200 名恶少年、将百万钱收入官府充作贫困百姓的租税二事，此外还有抚养薛正伦及魏弘简的孤儿、拒绝韩公武的贿赂款 20 万钱等人生亮点。因此，不可因事废人。作为科举出身的中层官员，科举取士既是钱徽职务所在，也是官员维护自身团体利益的一种工具。本案貌似取士标准不清，但以覆试结果逆推。钱徽取士的关注点不完全是举子的学识修养，还考虑了家世背景和政治立场。在这起科场案中，对钱徽个人有罪还是无罪的定性，不仅关乎他自身的贬谪，更是一场可能影响到数位高官前途的政治角力。

而案犯杨汝士于唐宪宗元和四年（809）进士及第，长庆元年（821）升任右补阙，隶于中书省。史书对杨汝士生平的记述相当简短，其才干政绩无一字记录。杨汝士作为堂堂考官，竟敢毫不顾忌地录取亲弟杨殷士，其受罚可谓罪有应得。另一涉案人物——李宗闵是宗室子弟，贞元二十一年（805）进士及第，元和十五年（820）九月为中书舍人。李宗闵是因考生苏巢乃其女婿而涉案，但从现有的史料无法确定李宗闵在本案中是否有请托行为。不过，根据本案处理结果李宗闵也因之被贬官推论，他肯定难逃干系。

由于取士结果受到严重质疑，穆宗先命主课郎中、知制诰白居易与中书舍人王起覆试及第进士，再根据覆试结果处罚钱徽等人。所以，长庆元年（821）进士科比起往年的进士科考试多出一个覆试环节。显然，此次覆试有着双重目的，首要目的是复核钱徽执行公务的质量，决定是否惩处主考官及相关人等。

唐代为国抡才，而科举取士成为人才和官员选拔的主要途径，这就是号为贡举的意义。因此唐朝立法者规定，主持贡举的官员若出现渎职行为，致被贡举之人不符合要求或难称其职，须以罪论处。《唐律疏议·职制律》第 92 条对贡举作出了具体规范，其中第一条主要惩治贡举不当方面的违法行为，集中在贡举不如举状、应贡举而不贡举、贡举考试不及第等三个方面。

贡举要选取有原则、作风正、清廉守法而且名实相符的人。但凡贡举之人不符合举荐，如该人德行不良，品性乖张孤僻；应当贡举却压抑不贡举的，如果达到一人便可处徒一年，增加二人后则治罪再加一等，最高刑罚是处以徒刑三年。如科目考试达不到要求，比照上述之罪减去二等处罚，即一人杖 90，二人加一等，罪止徒二年。如果举荐的对象不符合条件，一般构成"贡举非其人"罪；要么举荐人因个人喜恶而不举荐符合条件者，则当构成"应贡举而不贡举"罪。若在考生总数中，有五分之三达到录取标准，则主考官员等人不受处罚。贡五人而得二人，则科以三人之罪；贡十人却得三人，则科以七人之罪。因此，钱、杨二人身为大唐的主考官，其行为已触犯了唐律"贡"举不"实"之罪。如果考生德行良好，仅仅由于考试不过关，则按举荐"德行乖僻"罪减二等处罚。因此，一旦发现不符合标准的考生，势必对举荐人追究责任。

第二条主要惩治考核官吏、课试不实及选官不符举状的违法行为，具体罪名有：考校、课试不以实；选官乖于举状；刑罚负殿附状违制。"考校"指对内外文武在职官员的年度考核，"课试"指对贡举的生员进行的授官考试。如果有关官员考核、考选虚假不实以及选官与举状相违背，造成不称职后果的，是指不学律法而出任法官、精通经史却授以武职，诸如此类都比照"贡举非其人"之罪减一等处罚。"负殿"指的是官吏犯了官当以下的刑罚而采取赎免后，根据赎铜的数额折合成行政考核为劣绩的制度。在考察官员履历时，有罪赎铜的负殿应附而不附、不应附而附、考核材料弄虚作假等，因此造成被考核官员的品阶升降，也照"贡举非其人"罪减一等处罚。

第三条是关于过失犯罪的特殊规定，过失犯有上述罪者减三等处罚。本意想推荐合格的人，主观上无故意，不小心荐举了德行不端的人，则比故意犯减三等处罚。属于听信他人言语未觉察而犯的过失，在减三等的基础上再减轻一等。明知故纵者，则依本罪处罚。中晚唐的进士科地位极重，备受朝野瞩目，可官场请托之风愈演愈烈，明知故犯者不在少数，而不失气节、秉持中正的考官反而凤毛麟角。统治者意识到若对广泛存在的请托行为不加以控制，而是任由其肆意滋长的话，必然对政治风气、集权统治造成腐蚀和威胁，故屡下诏敕加以禁止。

本案涉及的请托这一陋规，《唐律疏议·职制律》列有专条以遏制官场中的请托腐败行为。其中，第135—137条分别是："有所请求""受人财为请求"及"有事以财行求"，专门针对"请托"型渎职犯罪，惩治请求枉法以及主办官吏应允曲法的违法行为。

1."有所请求"条。此条犯罪涉及三方主体：请求者、被请求者、代为请求者。凡请求主管官员做枉法之事的，处以笞刑50下。即使替别人请求的，也与为自己所请相同。主管官员应允的，则与请求者同罪；若不应允的话，主管官员与请求者皆不处罚。所答应的枉法之事已经实施的，双方皆处以杖100。

所作枉法处断之罪重于请托的，主管官吏以出入人罪论处；他人及亲属代为请求的，比枉法的主管官吏减三等处罚；违法犯罪者自己请求的，在其原犯之罪上加一等处罚。若属于监临官及有权势地位的官吏替人请托的，处以杖100。枉法处断罪重的，与主管官员同样处罚，而主管官员若依法处以极刑的，那么请托的官吏则减死刑一等处罚。

2."受人财为请求"条。凡收受财物而为人请托的，按照"坐赃"罪加二等处罚。属于监临势要官的，依受财枉法罪论处。给予财物的请求者，按照"坐赃"罪减三等处罚。若官员将所接受的财物分开去请托其他官员，最初收受财物的人计赃物的总额论处，其他官吏依据自己所得份额处罚。可以说，唐律在这一块遵循罪刑相当的原则，结合犯罪人的具体身份恰如其分地治其罪。

3."有事以财行求"条。此条的犯罪主体是以财物请求双方中的行求方。请求方以财物请求对方枉法处断，如果受财方确有枉法行为的，行求方以坐赃罪论；如果受财方没有枉法行为，行求方按照坐赃罪减二等处罚。如果存在共犯，首犯以财物总数折半计算金额，从犯按照自己实际行求的数额论罪。行求之人以财物请求官员为枉法之事，损害了吏治清廉和司法公正，性质更严重。而请托者所请之事，多为违法，严重影响了社会的公平。

唐律在防范官场请托的立法上可谓周密，请托者、被请托的官员应允其请者、应允并已施行者均应受罚。据此条来看，段文昌接受书画而向钱徽请托，构成了"受人财为请求"罪，应当以坐赃罪之名加重二等处罚。李绅向钱徽请托，明显符合"有所请求"的犯罪构成，当处以笞 50。而杨浑之向段文昌献上书画，也合乎"有事以财行求"的犯罪事实，亦当以坐赃罪论处。而李宗闵也很有可能犯了请托之罪。

然而，大规模否定当年一场科试结果，在此前还缺少先例，这场风暴显然并非士大夫之间的私怨所能推动的，决定者应是掌控全局的唐穆宗。穆宗即位之初，曾两度直接插手科场事务。从处理结果看，这次覆试就是要整治科举家族独占进士科的局面。通关节已是官场行之既久的黑暗现象，段文昌无耻地进行定向指控，则属于有目的的政治攻击。从这一层面看，长庆科场案可说是以李德裕为中心的非进士科官僚群体对进士出身官僚的一次全面挑战。在唐后期礼部主持的科举考试中，朝中有名望者出面积极推荐，正式开考之前即拟定人选，这已成尽人皆知的陋规。但是，长庆科考案的复杂之处在于，它遇上了朋党之争。所谓的牛党属于科举阶层中的既得利益者，挑战了段文昌、李德裕等非进士出身群体的政治地位。双方之间的升降势必寻求皇权的大力支持，这恰恰给想要整顿朝政的唐穆宗带来了一个突破口。当权者需要以一种无情的打击手段来树立绝对权威，控制舆情，贬斥仕林。科场一直被看作朝野舆情的中心之一，任何蛛丝马迹都可能带来意想不到的后果。

第七章

律令下的普通唐人生活

一、唐代户主的法律地位

　　户主这一法定名词诞生较晚，至少在秦汉简牍中还没发现这一专名，如里耶秦简 K.17 第一栏"南阳户人荆不更黄□"、K.27 第一栏"南阳户人荆不更蛮强"等。长沙东汉户籍残简上也有"建宁四年益成里户人公乘某卅九筭卒笃龚子"的记录，走马楼吴简也普遍使用"户人"来指称户主，兹不赘举。进入纸本户籍阶段以后，户人的说法发生了变异。目前所见最早的纸本户籍——《前秦建元二十年（384）高昌郡高宁县都乡安邑里籍》，其中3户登载了较完整的户主信息，崔崙、张晏等身为户主无疑，但未使用户主的专称。英国图书馆藏 S.113《西凉建初十二年（416）正月敦煌郡敦煌县西宕乡高昌里籍》有8户记载着明确的户主信息，附在兵、散、大府吏等名衔之后，却无一具有"民"的身份。本件户籍不是普通的民籍，反映了5世纪初中国的基本制度，并非西北一地而已。由此，中古身份制对户籍编造与户主性质影响深远。

进入南北朝后，户主一名渐渐走进历史。《西魏大统十三年（547）瓜州效谷郡计帐》的户籍部分保存了4位户主——刘文成、侯老生、叩延天富、王皮乱的姓名与年龄。这当是目前最早可见"户主"专称的户籍。户主一名于唐代得以固定下来，《天圣令》所附唐代的《田令》便有不少关于户主权责的规定，出土的各类籍帐文书中也经常出现户主的身影。日本《令集解·田令》也显示户主是一种法定名称，而且就普通人而言，只有户主才可简称为主。《令集解·户令》造官户籍条还特别指出官户奴婢是没有户主的。因此，户主是受到法律严格保护的一种称谓。

　　根据唐律"脱漏户口增减年状"条（总150）对"一户拒不附贯"的界定，在计算户口脱漏的情况时，不以人数多寡，而以户为准，而且法律允许一个人也可以为独立的一户，此人既是户主又是户内口。与此规定相匹配的情况屡屡见于户籍实物，如载初元年（689）西州手实中的户主史苟仁，他是27岁的白丁，合受常部田4亩；同件手实中的大女曹多富，作为78岁的老寡户主，名下占有常田2亩及40步居住园宅。这两户皆仅有一人。而神龙三年（707）的西州高昌县崇化乡点籍样文书中，一人为户的现象不在少数，魏双尾、安胜娘、安浮知台、李醜奴、阴阿孙、刘戌、郑隆护等户皆是，户主身为黄、小、中、丁、老、寡的情况皆有。该籍有完整人口信息者计34户，其中"一人为户"的情形占比17.6%。这与文书性质及官府的括户倾向有关系。在开元十年（722）沙州敦煌县悬泉乡户籍上，户主氾尚元年五十八，身寡，户内仅此一人，受田15亩，其中1亩为居住园宅，余下的为永业田。大历四年（769）敦煌县悬泉乡宜禾里手实也登录了此类情况，户主李如真、索游仙同样是户内仅有一人。至于户内仅有一人且无田地者，也能依法立户，西魏大统十三年（547）计帐中的某老女已经如此。

　　日本《令集解·户令》的"户主"条也解释道：一人以上才

可为户。《令集解·田令》"园地"条强调，只要户内有一个人还在世，不论亲疏，都不能称为绝户。日令与唐律、户籍文书相借鉴而论，"一人以上"显然包括了一个人立户的极端情况。唐宪宗元和六年（811）二月制文指出，自从两税法实行后，以户口增殖为考核地方官政绩的主要标准，直接导致了析户之风的盛行，以至于招引浮游之户以增加人口，但是当州当县的税额并没有相应增加。不过，一人为户的规模对于地方政区户数、口数的实质性增加意义不大。

　　还有一种是户内虽有其他家口，但仍属"一人为户"的性质。开元四年（716）柳中县高宁乡籍登录了白小尚一户，名下注曰"中女代母贯"，其母已于开元三年（715）造帐之后死亡，户等下下而且属于不课户。并且，上举大历四年（769）敦煌手实中的宋二娘、安大忠、令狐进尧、杨日晟、李大娘、樊黑头6户，其户内口或死或逃限已满被除名，仅有户主一人在籍。在吐鲁番出土的《唐赵恶奴等户内丁口课役文书》上，与其他户内或父子、或兄弟、或父子兄弟的构成不同，翟奴子、令狐骓、卫怀德及某下下户皆注"单身"；另一件唐代西州载有郭默子等人的徭役文书中，杨隆海、曹守洛等名下注明"父亡（或母亡）单身"。两者比较，后者很可能属于"一人为户"的现象。

只要有户的存在，便有户主，即使是一人为户。同时，户主是可以更新的，如武后天授三年（692）西州残籍中的"户主大女史女辈年三十六岁丁寡代男贯"，开元二年（714）帐后的《西州柳中县康安住等户籍》中的"（阙）年□十七岁白丁代父贯"，开元四年（716）柳中县高宁乡籍中的"户主王孝顺年十一岁小男代父贯""户主大女白小尚年十九岁中女代母贯"等。这种本户内户主的更新现象在敦煌户籍上叫作"代某承（为）户"，如大足元年（701）敦煌县效谷乡籍中的张楚琛户、开元十年（722）敦煌县悬泉乡籍中的杨思祚户、天宝六载（747）敦煌县龙勒乡籍中的卑二郎户、大历四年（769）敦煌县手实中的令狐朝俊、令狐进尧、唐大昭三户等。这些户主身上尤其可见父子传承的更替原则。

一户的户主也会面临着新老更替的问题。如大谷文书编号第1087《西州交河县耆老名簿》载：永安乡横城里户白延亮八十一，安乐乡长垣里户竹胡尾八十三，龙泉乡独树里户宋武幸八十六，龙泉乡新坞里户白马居八十二，龙泉乡新坞里户贾伯欢八十一，等等。官府把这些"父老簿"与"乡官簿"一起作为重要档案存放，意味着唐代融合了礼治下的父老制度与政治下的三老制的长处，而能够充任父老之人的则由官府遴选耆年有威望、并能宣化朝廷意志者为之。但白延亮这些人已经年龄过大，履行户主职责力不从心，至于教化乡里，也只是一种象征。

在男性尊长存在的情况下，汉代的女性、卑幼均享有充当户主的权利。魏晋时期，户主资格的遴选趋于严格，责任能力较强的男性尊长成为户主的首要人选。到了唐代，从出土籍帐来看，只要户内有男口，无论其是否为老、小、疾，都优先于女性为户主，属于典型的男子为尊主义。若在男性家口里，有的卑幼有官爵头衔，仍然要严守尊长主义，不可能僭越为户主；只有户内没有男性时，女性方可充当户主。

关于唐代户主的确有这样一条纲领性的规定，《通典》保存的开元二十五年（737）《户令》云：诸户主皆以家长为之。当户内有课口的为课户，没有课口者为不课户。像入老的男子、废疾、妻妾、部曲、客女、奴婢都属于不课口。户内无夫者称作寡妻妾。这条规定后面加了句"余准旧令"，意味着开元后期对以前的户令有所改订，在此之前的各户户主并非皆由家长担任。日令也有相同规定：凡户主皆以家长为之。唐律对此没有详细展开，而唐代《户令》又有所散佚。日令直言家长即嫡子：继嗣以延续血脉之道，当以正嫡为上。即使户内仍有伯叔，毕竟号为旁亲，故以嫡子为户主乃天经地义。可见，在礼律互不违背的情况下，家长、嫡子与户主之间的逻辑关系很稳定。但如遭遇特殊情形——"父死而母子现存者"，同时嫡子幼小难堪大任，母可代为户主；若嫡子亡殁，母亦可为户主。如兄亡弟在，以兄之子为户主。天宝三载（744），玄宗所颁《亲祭九宫坛大赦天下制》规定：若其人父母还在世，而子孙别籍异居，亏败儒家提倡的孝道，莫此为甚，务必禁绝。即使其父母亡殁之后，这些不遵守传统孝道之人被禁止从原生家庭析出而单独成户，便失去了成为户主的机会。这里其实限制的仍是男子。

根据唐、日律令关于户主候选人的综合意见，我们仍然难以认定现存唐代户籍、手实等文书中的男性户主必是嫡子身份。《唐律疏议》"立嫡违法"条（总158）规定：凡是立嫡违法者，处以徒刑一年。若户主的嫡妻年50以上，已难有生育能力而仍然无子，方有机会立嫡以长，不以长而立庶子为嫡的仍处徒刑一年。据此，户主确立的一个必要程序首先是确定嫡子。在嫡妻不能生育的情况下，允许以庶子为嫡子。这个变通很重要，紧紧围绕着父系这一核心而推展了户主遴选的空间。

日令一再强调嫡子出任户主"不定年限"，即没有年龄上的限制。因此，出土文书所见唐代户主的年龄则需要注意。《通典》

援引开元二十五年（737）《户令》谓：凡是民户计划以析出之口为户主及投附唐朝之人为户主者，没达到成丁标准的则禁止，符合条件的可以不依此令。据此，一般来讲，析出之口要想被立为户主必须达到成丁的年龄。

那么，唐代户主年龄的最低限度是多少？从敦煌、吐鲁番所出籍帐文书来看，年仅 1 岁的婴儿虽然在手实中多有著录，但在三年一造的户籍文书中却无法入籍。2 岁的黄口成为唐代入籍的最低年龄。根据《唐六典》"男女只要始生为黄，四岁为小"的规定，神龙三年（707）高昌县点籍样中有 3 户的户主均为黄口，因此康义集和萧望仙的小男身份实为黄男之误。若论户内人口，萧望仙户有口 3 人，且为正常入籍，故已受田五亩七十步（田宅皆受）。相比之下，2 名 2 岁的户主康义集和安浮知台尽管也是在籍黄口，却是通过被动的官府括户形式记入户籍的。所以，目前所见唐代户主年龄的下限是 2 岁。而目前所见唐代年龄最大的户主是多少呢？唐初西州文书《诸户丁口配田簿》有一片记载："户主大女符姚妃年八十八。"大历四年（769）敦煌县宜禾里手实中的户主王山子是 87 岁的老男，这两位户主的年龄已至于唐人的上限了。

另外，唐代女子为户主的情况应当分为两类：一是户内没有任何男口的纯粹的女户，属于不课户；二是户内仍有男子而女性为户主的民户。据敦煌、吐鲁番户籍文书所见，唐前期女户户主的身份涵盖了黄女、小女、中女、丁女、丁寡或老寡，其中丁寡、老寡为户的比例高达七成，她们依法享有受田和免除课役的权利。

经过户籍登记之后的"家"具有了"户"的法律形态，不仅获得了公法上的主体资格，同时，国家也赋予了户以民事主体的资格。因此，中国的"家"与"户"绝不仅仅是家庭成员的生活共同体，更是作为一个民事法律主体而在国家的统治结构中发挥着重要的社会治理作用。而户主是户籍制度下的产物，家长由家庭中酝酿出来，二者有着各自的运作空间。这也就是自汉至清的法典皆以"户律"为名而不采用"家律"的重要因素。有研究将家长与户主的职责统一起来，并且将户籍类文书中的每一户当作每一家看待。家长或户主在唐朝律令中的责任大体有六项：一是祭祀祖先的义务，二是教养子孙的义务，三是申报户口的义务，四是输纳租税的义务，五是主婚权与责任，六是家人共犯而独坐家长。家是国家统治下的基本单位。家长与地方基层长官这两者是中国古代进行专制统治的基础，以保障户籍与赋役制度的落实。而唐律在"犯徒应役家无兼丁"条（总27）中规定道：其家没有两丁的，也可以说该户内全无两丁，可见家与户的紧密联结。

唐代律令中，一户的主人有着不同的说法，目前所见有户主、户头、家长、尊长等，这些概念之间的联系远大于它们之间的分歧。其中，户主与户头在律令及出土文献中出现较多，二者意义相当。开皇初，隋文帝下令全国的州县大索貌阅，户口不如实统计上报的话，地方上的乡官被发配远方。同时，又大开互相纠举之科，大功亲以下的家庭必须分籍立户，各为户头，以防人口隐匿。武周《改元载初赦》称：天下百姓年二十一身为户头者，各赐爵一级，女子百户赐以牛酒。《天宝八载册尊号赦》亦称：天下百姓凡是男子为户头的，可以各赐爵一级。这两道赦文强调身为男子（至少是丁男）的户主可享受赐爵一级的荣誉，但女子为户头者是被排斥在外的，因此也证实了女户头的存在。

《令集解·户令》"造计帐"条谓手实乃户头所造之帐，同时又解释为：手实谓户主所造的计帐。据唐代《田令》对身死退田的规定，若户主身死而应退永业田、口分地者，限二年内追回，户内家口的话则限一年内追回。可见，户头名下土地的追回期限较户内口多了一倍，应与新户主的认定严格有关。在土地分配方面，户头与户内口要区别登记，如以高宗时期的西州欠田簿为例，便分为户头欠与户内欠两种。这里的户头也就是户主。但是，唐代诏令中不言户主而常言户头，恐怕是讳言这个"主"字。在贞观十四年（640）李石住等户手实中，我们会看到户主所作的保证辞基本一致，不得随意加减本户的信息，若以后查出来有所虚妄，务必依法受罪。可见，户主对籍帐等法定文书中的当户家口、田地等信息负有直接责任。

户主的职责于其户内土地耕种、赋役缴纳的自我督促上尤其重要。据《唐律疏议》"部内田畴荒芜"条，州县长官及里正所管辖的田地荒芜弃耕的，以十等分计算，只要满一分则笞30下，每增一分则罪加一等，最高处罚是徒一年；若户主没有尽到耕作责任的，则以其田亩作五等分计算荒芜之数，满一分笞30，每增一分则罪加一等，20亩笞40，30亩笞50，40亩杖60，50亩杖70。至于其受田比较多的民户，也准此法来定罪。又，唐律"输课税物违期"条（总174）规定：对一户之内的户主而言，输纳课税是其义务，但不依法定期限输纳的，即笞40，不据分数为坐。这里的"违期不充"的"期"有着实物证据。新疆出土的调布中有5件注明了缴纳的年月，除了永隆二年（681）八月外，还有调露二年（680）八月、先天二年（713）八月、开元九年

（721）八月等。这表明唐前期上交国家的庸调物每年八月上旬起输，30 日内完成的法令得到了严格执行，而天宝以后的征收时限放宽到了九月底。唐代民户的庸调布绢缴纳到中央的话，由左藏署统一掌管，并设有存放的输场。同时，需要挑选出合乎尺寸或斤两的庸调物品，由太府卿及御史监督查验，然后收入官库，皆标注州县、年月，用以分别质量精粗、新旧。这些绢布上的题记有的写明州县乡里以及年月；有的旁有签押，字体或楷或草，墨迹不同于题记文字，说明确曾按照有关制度予以层层检查与复核。而户主对这些庸调布绢的质量负有重要责任。

我们也要注意唐代沙州、西州的部分户主无法履行责任，尤其那些年龄过小或过高的户主。户主所面临的生存困境也不能忽视，时人王梵志有诗曰："村头语户主，乡头无处得。在县用纸多，从吾便相贷。我命自贫穷，独办不可得。合村看我面，此度必须得。后衙空手去，定是搦你勒。"诗句里的村头即村正、乡头是乡长或乡正，表现的是唐初，至早为贞观时期的乡村组织特点，可见户主面临着来自村头、乡头的胁迫与勒索。

户主在当户人口的管理与约束上又牵涉家长的职责。《唐律疏议》"脱漏户口增减年状"条（总 150）规定：天下百姓皆有户籍在册，若一户之内的所有人口全部脱漏而未入籍的，则当户家长处以徒刑三年；若其本人及家口都是不承担课役的人口，则减二等处罚，处以徒刑二年；若户内没有男性家口而全部是女子的，再减轻三等处罚，杖100下。若家长并不知情，那就处罚有罪责的人，而家长免于治罪。民户所在的当乡里正若了解户口脱漏增减情况者，那么，统计好当里脱漏增减的总口数，按处置家长之法来定罪；若户口的脱漏增减与州县有关，州县官员知情的话，治罪方式与里正相同，而里正又同于家长之法。又，唐律"私入道"条（总154）规定：凡是私自出家为道士女冠及僧尼而逃避赋役的，杖100；若由家长指使的，则家长被治罪。

至于户内贱口的放良程序上，唐代《户令》允许私家放免奴婢、部曲及客女为良民，但家长必须出具凭证，户内长子以下的良口都要签字画押，并向官府报备。但《唐律疏议》"部曲奴婢谋杀主"条（总254）解释道：只要同一户籍里的男女良口以上，理应有财产继承之权的，并皆为主。因此，这里的"主"为"同一户籍之中所有拥有财产继承权之人"，并不局限于户主。唐代《杂令》要求：各位家长在世的话，其子孙弟侄等人不得将本户内的奴婢、六畜、田宅及其他财物抵押举债，并禁止出卖田宅。家长是家族共同体的指挥统率者，管理家族共同体的一般性事务，包括以交易为首的外部关系和农业家族中特别体现为制定生产、消费规纪的内部关系。拥有这种职责的家长，按照常例是家族内部辈分和年龄最高的男子，小型家族中通常是父亲。家长权不一定是排他性的支配权，也有与父权（亲权）相并立的可能。因此，户主是实际中的家长，他们一般由男性尊长、成年的非尊长男子户主、女性尊长。根据敦煌、吐鲁番户籍文书来看，既是户主又是家长者在八九成。

有个现象值得注意，一户之内有家长与次家长之别。永淳元年（682）五月敕：出主意铸私钱的首犯或被推为头目者，当处以绞刑，事先决杖 100 下；而从犯及留宿这些人的处以加役流，并各决杖 60 下；若家人共同违犯，则治其家长之罪；属于年老、疾病在身者则免于处罚，而将其罪归到次家长的头上。其铸钱之处的街坊邻居等处以徒一年，里正、坊正、村正等人各决杖 60 下。另外，一户内有尊长与次尊长、男性尊长与女性尊长之别。唐人强调凡是同居之内，必有尊长。尊长既然在世，子孙在家事上不得独断自专。唐律"共犯罪造意为首"条（总 42）规定：凡是集体犯罪的，则以造意之人为首犯，随从之人则罪减一等。若家人共犯，止坐尊长，指的是祖、父、伯、叔、子、孙、弟、侄共犯，只有同居的尊长被治罪，而卑幼家口无罪；于法不坐者，指的是年 80 以上、10 岁以下及笃疾的家口，但将其罪算到次尊长的头上。尊长一般指的是男夫，若妇人身为尊长，与其家的男夫、卑幼共同违犯，即使是妇人造意，仍以男夫单独治罪。如上，男子是尊长人选的当然要求，但妇人也有资格成为户内尊长。

《唐律疏议》"卑幼自娶妻"条（总 188）对卑幼和尊长的范围作了明确规定：卑幼谓子、孙、弟、侄等家口；尊长谓祖父母、父母及伯叔父母、姑、兄姊等。不过，卑幼与尊长之间的成员关系是相互的。并且，尊长较家长更加多元化。而据"嫁娶违律"条（总 195）规定：祖父母、父母为常见的重要尊长，另有地位仅次于父母的"期亲尊长"。因此，尊长按照亲疏远近而有等次之分。天宝初期的敦煌县龙勒乡都乡里籍显示，17 岁的小男徐庭芝虽然是户主，但家庭成员分别有姐一、寡婆一、寡母一、姑二。这些成员与唐律界定的尊长范围几乎一致，由于未到成丁之年，徐庭芝在户内显然既不具备尊长资格，也不具备家长资格。在一定程度上，户主与家长可以通用，但尊长更侧重于传统的宗法制度。

家长与尊长的意义也会重合。唐宪宗元和五年（810）十一月六日敕曰：在诸色人中，身是卑幼，不经家长而私自举借公私钱物等，多有这一类败家子。而凶恶徒党、恶霸与之交结，声言为其作保，以此举借官府诸司及官贵权势人家的钱物，然后挥霍无度，家里面的尊长竟然毫不知情。到了征收本利之时，出面举借之人便不知所终，那些保人等便称举钱之家有舍宅、庄业，请依约收纳，喧嚣不已，扰乱社会秩序，叨扰府县。因此，尊长在法律条文中的语境主要涉及家族共同犯罪、户内财产支配、家口婚姻关系等方面。

唐代有的尊长可能同时也是户主、家长，有的则不然。从户籍文书来看，男性尊长最有可能是该户户主，而户主、尊长、家长三个身份完全具备的唐代男夫并非凤毛麟角，如开元四年（716）敦煌县慈惠乡籍中的杨法子、杜客生两位，开元十年（722）敦煌县悬泉乡籍中的郭玄昉、杨义本两位。家长只不过是唐代民间社会中的一个礼俗上的概念而已，一般家庭里的家长，通常是家中的最尊长。父祖在则直尊任之，兄弟叔侄同居家庭则旁尊任之。家长身份固然以男系主义为原则，却也不全然受其制约，妇人尊长也可成为家长，尤其是母亲。家长拥有家内的最高权威，但未必是唐律中、户籍文书里的户主，因为户主的优先顺序是男优于女，只要有中小男，妇人尊长便不得为户主。

在目前的户籍类文书中，户主一名触目皆是，而家长、尊长都没有出现过。家长、尊长皆有层次之分，但没有在唐代户籍文书或律令中见到户主、次户主的区分，户主身份具有唯一性。这也就是户主独特的政治经济地位。

二、户绝与继绝

不论时代如何变迁，"后"这个词始终浸润着浓浓的宗法特质，由初期泛泛而言的继承者逐渐发展成专指特定意义的继承者，唯有传续血脉、承担祭祀之人，才有资格称为"后"。"后"代表着门户、族群传衍的希望，但户绝是一种不可避免的危险。通常来说，古代中国所谓的绝户是指家庭内没有可以延续宗祧的直系卑幼男性子孙，即使家庭内有卑幼女儿，也属于法律意义上的绝户。无论是普通唐人，还是达官贵人，皆有可能遭受户绝的潜在威胁。

从周代以来，立嫡制度趋于一致。君臣、父子、夫妇之道是王朝国家在礼与法两大层面上所竭力维系的社会支柱，其背后隐藏着一条金科玉律：嫡长子为上。《唐律疏议》精心设置了"立嫡违法"条，却不经意地揭示了户绝状态的渐变过程。立嫡的目的是自家的爵位后继有人。嫡妻及嫡长子的地位受到法律的重点保护，在血脉的延续中交织着岁月变迁与男嗣为上的双重链条：嫡子—嫡孙—嫡子同母弟—庶子—嫡孙同母弟—庶孙—嫡曾孙……无后户绝。可是，这种渐趋户绝的家庭体系并非一般民户可以拥有，累代同居的大族或勋贵在妻妾成群、物质充盈的条件下才能够保障儿孙满堂，而外部应当是河清海晏、一派升平的大环境。继绝是户绝的前提，而在户绝的定性上，无论是唐令还是日令，明法家关于"身死户绝"特征的总结别无二致：户内家口皆绝尽无遗，无人供祭。并且，在这一点上，普通人与勋贵之间没有必然的鸿沟。

　　根据唐代律令，户口得以成立的最低条件是当户至少有一人，换言之，这同时也是绝户与否的最低限度。唐代宗大历四年（769）的一份敦煌县户籍文书中，宋二娘、安大忠、令狐进尧、杨日晟、李大娘、樊黑头等6户，其家庭成员或死亡、或逃限已满被除名，仅仅剩下户主一人在籍。而这种"一人为户"现象不是当代社会才有的新鲜产物，在唐代也不少见。判定为户绝在地方官吏的日常业务里，是一个非常严肃而又痛苦的过程，毕竟户数与丁男数的增加同刺史、县令的晋升有直接关系。在唐中宗景龙三年（709）十二月的西州高昌县处分田亩案卷上，大女阿弥不堪生活压力，孤身一人前往北庭一地逐粮谋生。虽然死活不知，可不妨碍里正左仁德继续追索其户内税粮。但阿弥一家子没有随其迁走，在高昌县境内仍有两人生活，所以不属于户绝，名下土地便不能收归官有。同样，作为户主的阴久托虽然失踪了，由于户内有继后之人，他的一段菜地也不能随便收回。因此，户内有没有人成为判定户绝与否的重要指标。

在唐代近300年波澜壮阔的画卷里，黑白的历史场景并不鲜见。因水旱、灾疫或兵燹导致的死绝是最常见的户绝类型，还有全户逃亡、全家没落、犯了大逆不道罪行等造成的户绝。长安年间，名相狄仁杰在《乞免租疏》中说江西彭泽地区地少民贫，租调课税成为当地农民的沉重负担，大量农民被迫逃避赋税、转徙他乡，以致籍帐上大半被除名，里里乡乡都有户绝。唐代宗宝应年间的杭、越地区曾经发生了严重的疾疫，有些民户死绝了，造成江南地区大量的户口损失。至于触犯刑律而导致户绝的，唐律里规定得一清二楚，如"谋反大逆"条说道：凡是谋反及谋大逆者，一律处斩；父及16岁以上的子男皆处以绞刑；15岁以下的男子及母女、妻妾（子的妻妾亦同）、祖孙、兄弟、姊妹及部曲、资财、田宅等一并没官；户内80岁及以上的男夫、笃疾之人、60岁及以上的妇人与废疾之人可免于罚没为官奴婢；至于伯叔父、兄弟之子皆处 3000 里的流刑，不管他们与谋反之人的户籍同异与否。虽说不够处以极刑的男子及女性家眷最终变成了贱民的最低一等——官奴婢，尚可苟延残喘度日，但由于被褫夺了编户齐民的资格，已经没有重振门户的机会了。可见，谋反者"罪大恶极"，自己及子孙不但有性命之虞，还面临着户口绝灭的严酷！

另外，一般情况下的户绝恐怕与当时的家庭结构息息相关。唐代还是一个自耕农占主体的农业社会，与勋贵阶层的家庭规模比较而言，小家庭是唐代家庭结构的主流形态。敦煌户籍等文书显示口数在 2 至 3 人的户占据较高比例，这样的民户大多属于典型的核心家庭，即夫妻二人或夫妻及子女；除此之外还有父子或母子（女）组成的残破的核心家庭。这两类占到人户总数的一半。另有主干家庭的类型，即由祖父母与孙辈，或是夫妻与父母及未成年的弟妹组成的家庭。位于边陲的西州地区，贞观到高宗末期当地的家庭规模平均每户约为 4.28 口，与史书地理志所载一般州郡民户的规模大体相近。这些家庭的构成大多是户主和户主之父母、兄弟、子女所组成的复合家庭或核心家庭。而这般代际缺失的家庭结构并不稳定，经不起太大的社会动荡。

可以说，礼制上宣扬的数代同居、四世或五世同堂的情况是一种不可触及的理想。我们进一步分析一下，两三口人的民户一般不可能是三代同居的结构，而四口之家若是三代结构的话，恐怕最多只能有一个孩子（如妻子死亡，亦当续弦）。至于五六口之家的家庭结构比较多样化，但是三代同居的话，也限制了孩子只能有 2—3 人。若以一户内有两个子女为普遍情况、四五口人为一般家庭结构模式，这就表明唐代大多数贫民家庭是两代人，三代共居者当很少。但是，人口在 10 人以上的官宦人家或富裕家庭则大多是成年兄弟同居共爨，究其原因当有以下几点：一是深受儒家礼法的影响，二是有着较雄厚的经济基础，三是在职业上表现为官宦人家的子弟多追求功名、寻取入仕机会。如上所言，只有经济条件比较优越，方有可能支持一个大家庭的生活与繁衍。

古人说："故三千之罪，莫大不孝；不孝之大，无过于绝祀。然则绝祀之罪，重莫甚焉。"从唐初到后期，朝野批评僧人之声不绝于耳，其中一条罪状就是因某男子出家为僧而造成本户绝嗣。在一份龙朔二年（662）的西州高昌县思恩寺僧籍上，僧人显觉身为 71 岁的老男，年事已高，原来户内的亲人应该凋零殆尽，遂成户绝。而显觉已经剃度 62 年，则其 9 岁便入寺修行，是否出自天性，不得而知。庆幸的是，思恩寺僧籍中还有某僧（廿一夏）与僧崇道的情况可作比较。崇道剃度已历25年，则其10岁便遁入空门，原生家庭的户主为张延相的儿子；据文书相关信息，还有一位佚名僧人，他的年龄恐怕在40岁上下，其原生家庭的当前户主为张延伯之弟。从这两人可知，他们的户主原本是张延相、张延伯，但已于龙朔二年（662）之前完成了新一轮的户主更替，而且户主仍为男子，门户得以延续。不过，显觉的原生家庭没有足够的运气了，亲人的死绝殆尽与其出度为僧共同造成了户绝。这是第一次在特殊户籍文书中见到僧人原生家庭的户绝情况。诚然，僧人原生家庭的户籍由州县负责造写，其原生家庭的户绝也由地方官府判定。

唐代基层社会曾上演着一幕幕濒临户绝的悲剧。在开元二十一年（733）蒲昌县定户案卷里，户主韩君行为72岁的老男，他的家口总计两人，另一口是已成丁的部曲，高度符合濒临户绝的情况。老男韩君行户的未来命运恐与《开元二年帐后柳中县康安住等户籍》中的大女令狐伯香一户相似——"身死户绝，丁奴见卖"。在大历四年（769）敦煌县手实上，72岁的户主宋二娘——代婿承户，户内总计三口人，可是其婿索嗣艺已于乾元三年（760）籍后死、嗣艺男秀章于大历三年（768）帐后死。宋氏本为老寡，桑榆暮年，无论是自然终结或有再嫁等可能，索嗣艺一户都处于濒临灭绝的地步。回看这些事例，还能听见生命无法抑制的叹息。

针对岌岌可危的户口存立情况，朝廷、律令和礼制都不能置若罔闻，多方对门户的存续采取了一些措施。唐令规定无子男的人户可以收养"同宗昭穆相当"的男口，颜师古对《汉书》中的"子同产子者"作了注释，即养育昆弟之子为子。在行之有效的继绝方式中，立继与命继是最主要的两种。立继的情况是，丈夫死亡而嫡妻仍在，同时二人婚后没有孩子或者子男，这样便可以尊重其妻的意见，从那些与养子资格相同的后辈中为其家选立一个继承人。当然，丈夫虽然在世，但嫡妻无法生育或年事已高而不适合生育，夫妇一同做主立继也是有可能的。所谓命继，指的是夫妻双亡，为完成身后的供祭大事，则由死者的父母或其他近亲尊长来拣选决定其继子。根据唐代家庭分割财产的具体办法，父、祖去世之后，在满足一定条件的情况下，当户内的田宅及财物，兄弟可均分；若兄弟亦去世，则子可以继承其父的那份家产。根据兄弟均分、"继绝亦同"原则，养子可以与亲子共同继承财产，且应得份额均等。当然，这两种继绝方式也决定了家产继承权利的相应差别：立继之子有权利获得当户的全部家产，与正常的门户承袭相同；而命继之子仅能获得一定比例的家财。

正常情况下，嫡子本身是法定的户主。户主在唐朝律令中的责任可不小：一是承担祖先祭祀的义务，二是承担教养子孙的义务，三是承担向官府申告户口的义务，四是承担输纳租税的义务，五是承担户内的主婚权与责任，六是承担相应的法律问责等。不合礼法的析户别居要受到严惩，但因继绝之需的析户情形则被允许。继绝还有着法定的年龄限制：某男出继他户的年龄至少要达到 18 岁，这个年龄不符合唐代任一时期的成丁标准，但欲为户主的话必须成丁。所以，具备继绝资格之人不是以普通家庭成员的身份出现在户绝之家，而是以当户未来的新户主身份出现。

如上，继绝要有同族同籍中的年轻男子为人才储备。唐玄宗开元十年（722）前后，武强令裴景仙受贿累计 5000 匹，东窗事发后潜逃在外。他被缉拿后，皇帝大怒，命令召集众人而当面杀之。李朝隐两次出面为裴景仙奏请减免死罪，都使用了同一条理由：若景仙被处以极刑，则开国功臣裴寂一脉无人承祭而户绝。武则天当权之时，裴家罹受诬枉，所有兄弟皆因连坐而被诛，只有景仙一人独存，现在可以传承血脉。同时，裴景仙所犯不足处以极刑，又念在开国功臣裴寂是其曾祖父的分上，还可以依法赎减。而在唐代西州的一件判文范本上，有位年过耳顺、抚养无人的老者申状，要求过继从兄男为嗣，并声称这个侄儿性行淳和，为人慈孝，能使其孤贫得济，判案则云"任取从兄男为嗣"，满足了他的请求。

中古时期的沙州、西州不仅是充满危险的四战之地，也是各类族群、杂姓同居之地。在这种生存环境下，敦煌、吐鲁番户籍文书中一项项较为频繁的户绝统计，呈现了一个个赋役单位的消失或濒临消失，继绝之举没有生根发芽、茁壮起来的条件。因此，敦煌、吐鲁番户籍文书显示了代婿承户、代夫承户、代子承户、代姐承户、代翁承户等诸多保障户口存续的特殊情况。这虽与以子男为嗣的继绝方式远远不同，但在名义上维持了该户的存立。可以说，现实永远比僵硬的制度规定更加复杂多变。值得深思的是，敦煌人宋二娘从何时开始"代婿承户"的？索嗣艺是61岁的老男翊卫，索秀章为27岁的白丁，从二人的卒年来看，宋二娘应是大历四年（769）才继任为索氏户主的。那么，在乾元三年（760）到大历三年（768）之间，索秀章作为索嗣艺之子很有可能是户主。因此，宋二娘应该一直在女婿家生活。无奈的是，这种生硬地配置户主的做法在伦理上显然不适宜，但保障了该户形式上的完整，或许使得当县的户口数量不至于过跌。

因此，户口的灭绝与存续决不单单是伦理层面的问题。国家的赋税、徭役及兵源都依赖于编户齐民，若百姓凋敝困顿，便会影响到国家运转。王羲之曾经观察到，百工医寺由于本人的死亡与其家户的绝后无人，以致无法补充。而百工被过度使用，实际上导致百工医寺已变为世袭的"役门"。安史之乱以后的唐代基层社会，屡屡见到"不济户""不支济户""不存济户"这些含义相同的名词，如上民户是唐后期重建徭役差配制度的产物。彼时已有的籍帐制度趋于崩溃，国初建立的"九等定户"政策已难以调整贫富、升降社会关系。他们作为贫穷积弱之户，始终是国家免除赋役和抚恤救助的对象，较为真切地反映了中唐以后社会贫富强弱两极分化的惨状。若没有朝廷积极的赋役蠲除与救助措施，这些不济户终会逐步地滑向户绝的深渊。

遗嘱继产方式主要在户绝之家使用，并且经常与立嗣继绝合为一体。遗嘱继产与立嗣继绝合为一体，集中体现出中国古代遗嘱继产的目的：主要为了门户的传延，而不是为了家产的传继。要是实在难以扭转颓势，一步步挨到了户绝的地步，那就得考虑处理户内的财产了。其实，对于以自给自足的小农经济形态为主的政权而言，广大普通民户的户内最常见的两宗财产是田与宅。

唐代在《丧葬令》中里规定，身丧户绝者所占有的部曲、客女、奴婢、店宅、资财等，可令其近亲经手转易货卖，收入用来办理丧葬及荐福超度，开销之外的余钱交付其女；连女儿也没有的话，近亲均分，若亲戚也没有，则官府代为受理支配。若死者在世之时立有遗嘱，并确可证明者，便依遗嘱执行。本令针对的是户绝之人名下所属贱口、店宅等财产的处理，并不包括户内的田地。同时，该令强调了"遗嘱优先"的做法。这在某种程度上揭示了户绝现象的本质，也就是说，这种情况下，祭祀的断绝只在财产的处置上构成问题。

户绝意味着作为一个有机体的家产就要停止其机能。正常情况下的土地收授主要在当户内调整，尤其是永业田，皆传诸子孙，不在收授之限；其他符合进丁受田标准的民户，先要满足当户需求，多余的才可以收归官有，回授他人。针对绝后无人供祭之户及女户死亡者，他们土地的追回相当迅速。可见，与正常民户相比，因为没有户主、户内口等身份的干扰了，永业田、口分田统统收归官有。

作为无人承继的土地，唐代对绝户田往往采取了务实政策，这在唐朝建国之初便有例可循。参加太原起义的士兵继续追随李渊父子入关，便将白渠边上的七县绝户良田都分给了太原元从，以作为各家各户的永业田。等到李唐王朝在关中站住了脚，一道来自景龙二年（708）的敕令显示，京畿地区的户绝田不可以被王公百官及外州人请射。户绝田在唐代沙州、西州的公私文书里常以"绝户地"的名目出现。西州人令狐隆贞于垂拱四年（688）五月死后，其二亩半口分地无人受领，可能成为户绝田。一件武周时期的西州勘田牒载，高昌县人麴大志佃种户绝田四亩。而户绝者的田宅，因无远近亲属继承，皆可由他人向官府申请。沙州僧人张智灯想要玉关乡赵黑子的绝户地，并许诺承担相应的赋税。唐末大顺元年（890）正月，百姓索咄儿等人向当地官府上状请地，就包含了一宗刘憨奴绝户地 40 亩，只是这 40 亩地分布零散，申请合到一户名下。

长庆元年（821），唐穆宗颁布的《南郊改元德音》提到了各地百姓流离死绝的惨状，名下的土地若无近亲承租耕种，则委托州县官府加以督查核实。不过，各种户绝田很容易被基层官吏侵夺。逃户田、死绝田既然可以由人代佃，不必立即还公，这便给形形色色的土地兼并者以可乘之机，如身为西州天山县主簿的高元祯很可能通过职田的名义去侵占逃户、绝户田，其名下五十五亩八十步职田，恐怕有许多是从逃绝户那里巧取豪夺来的。天复时期，神力为其兄坟田被侵而向敦煌官府陈状寻求解决：神力的兄长突然遇到回鹘游骑，没想到交战不敌而阵上身亡。只因是血腥之丧，其灰骨不允许安置于家族墓地。其兄只有女儿3人，更无腹生之男，所以神力与其侄女一道从乡邻曹僧宜那里出价买得半亩地，以安置其兄灰骨。意想不到的是，20余年后这半亩坟田竟被人占有耕种。

从敦煌文书看，绝户的住房归当地官府支配。敦煌寺院法律庆深因为祖业较少，居止不宽，看中了儒风坊中张清奴名下的绝嗣舍两口，在官府缴纳屋价后，要求给予凭证，以免日后再有搅扰。唐代的一道"对宅判"也涉及户绝宅舍所有权的争讼，洛阳人晁谚从本县官府那请到同乡人任兰的死绝宅一处，但任兰的女婿郭恭因不满而上诉。处理结果各执一词：县司以女既出嫁，故判给晁谚之家；州司以宅是见财，断入郭恭之妇。而判文认为，根据令式规定，户绝之家的女儿作为近亲，有资格获得其先人的宅舍。

不可忽略的是，帝制中国很早存在着女子有权利继承原来家庭或夫家财产的传统。从张家山汉简《二年律令》的内容看，汉代流行着女子可以为户主，女子可以继承父亲、丈夫、儿子的爵位和财产等法律规定。这直接体现在《户律》和《置后律》中。

就唐代户绝情况而言，女儿是法定的第一顺序继承人，本家近亲只能在没有女儿的时候才可以介入。没官的遗产主要是田宅之类的不动产，给女儿的多是浮财；田宅之类的不动产在没官后拍卖，也是优先卖给本家的亲邻。

唐代将户绝列入判文选目，以考查士子的公文写作能力。其中有一则《户绝判》说到，某景身死户绝，资财将被没官。其女已出嫁，便申请在营葬开销之外，余钱悉归其支配。而某景的兄弟也向官府申请应得份额，双方争执不下。判词首先强调"昔时余业，可议官收"，随后在文采上演绎着一番对某景户绝资财处置得不偏不倚的情节，但也揭示了已出嫁的女儿有权利继承这些除了丧葬开销之外的户绝资财。

然而，对于生前不尽孝道的出自绝户之家的已婚女子，唐文宗时期明确她们不得享有继承权。开成元年（836）七月十五日敕令，自此以后，凡是死绝之户无子男而只有女儿的，并且已出嫁者，可以根据规定获得资产。一旦在抚养问题上心怀观望，有亏孝道，且与其夫合谋侵夺户绝财产者，所在官府务必严加纠察，不可使其得逞。反之，该户要是无男而仅有女，但此女若仍然在室未嫁，即不为户绝，财产则不需他分。宋人在开成敕令的基础上有所增订：自今以后，户绝者名下所有的店宅、畜产、资财等，除了用于丧葬开销、超度追福之外，若有出嫁之女，可以三份给予一份，其余财产全部入官。如其还有庄田，一律转给近亲承租佃种。如果出嫁之女被离弃，或夫亡无子，并未曾分割到一点夫家财产，而且还归父母家之后却属于户绝者，可同在室未嫁之例继承财产，其余依据敕令处分。应该说，宋人对户绝财产的处置更加细致。而对被离弃女子、夫亡无子并未分得夫家财产的女性——她们归宗后仍然是户绝的，可按照在室女一样分割家产。若按照唐制，她们的这种户绝应属于女户的死亡。

不过，近亲不管用什么方式占有户绝之家的家产，都必须为户主发丧，即"户绝"条令文中说的"营葬事"和"量营功德"。只有完成了这个义务，才可占有或优先购买户绝资产。从另一个角度看，相当于若干年以前从其父祖家庭中分割出去的财产，现在又拿回到原来的家庭中重新分配。但是，这个大家庭早已消失在时光的尽头，仅仅存在于观念中而已。

唐代对户绝田的处理、摸索与总结对宋人的实践不无启发。这些绝户田关涉到当时的继承、土地、财税各项制度。宋代绝户田是依法没纳入官的户绝之家的田产，主要源于无人继承的民田和超过一定年限的逃田。关键在于，没纳入官并非绝户田的最后归宿，它通过出卖、租佃、拨充和转拨等方式再次进入土地流转环节。通过明确管理机构、制定专项条令、规范流转程序、严明赏罚措施、加强权益保障，宋朝在唐朝的基础上实现了对绝户田的法制化管理。

三、良贱之别如云泥——边州的口马行管窥

唐代发达的市场贸易以两座都城——长安和洛阳为首，除东西市外，长安还有新市、南市、中市，而扬州、益州、广州也都是有名的商业都市，沙州、西州因其地理位置的独特性也是重要的商贸据点。据《唐六典·京都诸市令》记载，凡市场中开张营业的各店铺，均应陈设合乎质量标准的货物，公开公平交易。据《天宝二年交河郡市估案》记载，吐鲁番市场有米面行、帛练行、果子行、布行、凡器行、锴斧行、菜子行、口马行、药行、柴草行……那么，各地的市场交易应当也是按行业来分类经营管理的。各行业居间交易的牙人有着各种各样的称呼：如专营牲畜的叫马牙、专营奴婢买卖的叫女侩，专营庄宅的叫庄宅牙人。西州是唐代治理西域的基地，也是丝绸之路的交通要冲，东西商旅会在此停留，勘给公验或过所，同时进行物资补给，这里自然成为中西商品的集散地。从出土文书来

看，西州贸易兴盛，商胡及中原商人穿梭往来，在这里转运或交易的商品有绢、粟、马、牛、骡、驼、驴、羊、香料、贵金属及其他各种货物，当然还包括人口。我们根据西州多件公验、过所文书统计，其中涉及奴婢 26 人，有 18 人是在口马市上买卖的，约占总数的 70%。据唐高宗永徽二年（651）西州某乡户口帐所载，当乡总口数为 2300，良人 1963 口，贱口 337 人，其中奴婢 334 人，约占总口数的 15%；部曲 3 人，约占总口数的 0.13%。由此可见，西州不仅是丝绸之路中西货物的集散地，而且也是奴婢买卖比较集中的转运站。

敦煌也不例外，这也就证明了各个州县——尤其在边陲地区广泛存在的市场里，都有交易奴婢、马匹、骆驼等人畜的"口马行"。这里说的口即生口，指的是奴隶等贱民，而所谓"口马行"指的是专门经营奴隶和马牛羊等家畜的店铺群。《唐律疏议》规定：奴婢贱人在法律地位上等于牲畜，若提及生育、繁衍、孳息等，就如女婢产子、马儿下驹之类。这愈加表明，在法律面前，奴婢等于畜产。因而《唐律疏议》在解释"生产蓄息"的含义时，便将奴婢与畜产等量齐观。我们还看到唐律的反逆条要求财物罚没入官，但没有另说奴婢，即将其视同畜产、财物；《厩库律》设了检验畜产质量不合乎实际的罪行，但某些条文没有讲到检验奴婢不实与否应如何处理，但在具体的执行过程中，均按照对畜产或财物的法律规定来比附处理。我们不需要再引更多的法律条款，仅此寥寥数条便能窥知唐律不仅规定了奴婢处于整个社会的最底层，而且将奴婢同畜产、财物之间画上了等号。

从口马行这一名称可以看到，奴婢与马等家畜一样在市场上公开出售。而本件敦煌口马行文书也是 8 世纪唐代沙州市场官方物价表的一部分，今截取部分展示如下：

上家生中婢一（后阙）

上蕃丁奴一口，值钱四十（后阙）

上蕃中奴一口，值三十五千文，次三十千文（后阙）

上蕃丁婢一口，值钱三十千文，次二十五千文，下二十千文

上蕃中婢一口，值钱二十七千文，次二十五千文（后阙）

上家生细敦父马各一匹，值钱七十千文，次六十五千文（后阙）

上家生本（？）敦父马一匹，值钱二十三千文，次二十一千文（后阙）

若将其复原，大致能推定的内容如下：奴婢首先要分为本土

家生的和蕃地出产的两大类，然后又进一步具体分为丁奴（21 岁
至 59 岁丁男奴隶）、中奴（16 岁至 20 岁的中男奴隶）、丁婢（21
岁至 59 岁的女奴隶）、中婢（16 岁至 20 岁的女奴隶），进而按照
奴婢的身体状况分为上、次、下三段来设定价格。我们知道，隋
唐时期存在着一种将男女按年龄分为丁、中的"丁中制度"，与
均田制、租庸调制紧密相连。根据丁中制度，也有小（4 岁至 15
岁）、黄（1 岁至 3 岁）、老（60 岁以上）的年龄段划分。所以，
理论上也应该有小奴、小婢及黄奴、黄婢，而在其他史料中可以
确认存在着很多与该年龄段相当的奴婢。总之，这件珍贵的史料
证明唐代敦煌确实存在奴隶买卖的专门场所。

通过这件物价表文书残片，我们了解了即将出售的奴隶与马
的种类及其相应价格，而马也可以被标记为家生与否。普通奴隶
的价格仅相当于普通马 1—2 匹的价格，较之名马则要便宜很多。
有人对唐朝的物价史料进行过比较研究，1 匹普通绢的价格与代
表性的谷物——粟麦 1 石的价格几乎相同，都是铜钱 400 文。因
此，普通奴隶的价格若换算成普通绢，相当于 50—100 匹，换算
成相应的粟、麦则是 50—100 石。另外，这些粟麦的重量与拥有
50 亩左右田地的小农家庭一年的谷物收获量大致相等。这一数字
可以成为推测奴隶价格和马匹价格一个大致的参照。

作为口马行的主要商品——奴婢及马匹之类的畜产同样要遵守州县官府指导下的"三价均市"原则，按照精为上价、次为中价、粗为下价，列出三种价格，而这份文书正反映了这个残酷而血腥的现实。值得注意的是，本件出现了"家生婢""家生马"的说法。不仅如此，在吐鲁番出土的唐代过所中，往往也见到旅客申报随身所携带的奴婢及马匹等畜产物资时，有的注明于何处买得，也有的注明家生。"家生"乃由私人家内繁殖，不同于官府罚没或战争掳掠来的。而且，"家生"与"蕃生"之间区别很大，这一点在吐鲁番出土的唐代河西节度拟判中也有着"蕃马家生，粗细有别"的说法。唐代对奴婢买卖有严格的规定，因此凡携有奴婢的商旅在申请过所文书中，务必承诺随身所带的人或畜产并非欺良压贱、坑蒙拐骗而来。"不是寒诼等色"的固定用法在奴婢买卖契券中屡见不鲜，两者可互相印证，切实遵守着唐律禁止压良为贱、诸略人略卖人为奴婢者绞的法律条款。

据《唐律疏议·杂律》，凡是买奴婢、马牛驼骡驴等，依令必须立市券。双方和买和卖，公平交易，已经议妥价格，但不立市券的话，只要超过三日，买者处以笞30，而卖者减一等。这一买卖行为必须以市券为准，私券不受律令保护。同时，双方买卖已完成，而市司不及时给券的，误一日笞 30，每一日加一等，最高处以杖 100，甚至连带其上级主管部门也节级治罪，要受到惩处。唐昭宗《改元天复赦》又特别强调旧律："买卖奴婢必须由市场管理机构给以公券，同时经本县长吏验明正身，这套程序叫作过贱。而且，还要问清楚其父母现在情况，于公券上注明，并以牒文通报太府寺。"买卖奴婢还需要"五人同保一事"，因此立市券与"过贱"是一个很重要的手续。

同样，在途中的客商为申请过所而呈报所携带的人口，其中如有奴婢，必须将奴婢买卖市券的抄件附上，以备查验。目前见到的几份完整的唐代买奴婢市券抄件，都是附在过所申请的牒文之后，黏结成一卷。开元二十一年（733），唐益谦、薛光泚、康大之请给过所案卷生动记载了福州长史唐循忠的媵妾薛十五娘在西州口马市上买婢的情况。薛十五娘所携奴婢 7 人，其中婢失满儿、绿珠 2 人皆于西州买得。其一，开元十九年（731），唐荣买婢失满儿市券云：开元十九年（731）二月某日，商胡米禄坦言他将 11 岁的女婢失满儿，于西州市场出卖给京兆府金城县人唐荣，作价 40 匹白练。券尾有 5 位保人和西州市丞玄亮的押署，并写明"用西州都督府印" 7 个字，当是原券此处盖有"西州都督府之印"，也说明原券由原主保存，抄件则用于申请过所。

其二，开元二十年（732），薛十五娘买婢绿珠市券，此券完整无损：开元二十年（732）八月，田元瑜将胡婢绿珠以40匹练的价格，在西州市场上卖给薛十五娘。此券出现了几次"于西州市出卖"之语，这个市当指西州市场里的口马行。第7行存有"用州印"三字，系上券"用西州都督府印"印的略写，此处当盖"西州都督府之印"。第5行特别强调这些交易的贱口并非"寒良诖诱"之色，乃指田元瑜所卖之婢不是用诈骗诱拐的非法手段压良为贱。因此，可见奴婢买卖及时立券之重要。正由于唐律的严格规定制约着奴婢买卖，凡携奴婢申请过所者，要将买奴券交予官府检验，并将抄件记录在案备查，以上的买婢券抄件就是明证，即使是家生奴也要请保人证明。

　唐代的良贱群体有着天壤之别，我们还需要考虑"一人为户"情况的变异类型：当户内仅有良口一人，其余成员均为奴婢。在开元二年（714）的柳中县康安住等人的户籍中，令狐伯香户便属于这种类型——身死户绝，丁奴被卖。开元二十一年（733），西州蒲昌县评定户等的案卷中，保存了两户与此相同的民户：72岁的老男户主韩君行，户内口仅有丁部曲一人；16岁中男户主宋克儇，户内口仅有丁婢一人。这种特别的"一人为户"情况是有法律基础的。《唐律疏议》"造畜蛊毒"条（总262）规定：若造畜蛊毒之家除户主外，没有多余的良口，仅有部曲或奴婢一人，这种情况在流放时怎么办呢？明法家解释道：部曲是允许转给他人的，而奴婢性质同于资财，与良人身份截然有别，可不计算在同流家口之内。然而，户内仅有良口一人的情况容易导致本户的灭绝。根据唐《丧葬令》的规定，身丧户绝之人名下的贱口如部曲、客女、奴婢可由其近亲（亲依本服，不以出降）转易出售。

　　奴婢除了被买卖的命运之外，也可能被主人依法放良。从字面上看，放良就是免贱为良，使奴婢脱离贱籍。而作为载体的"放良书"则是通过契约的形式来保证放良行为的法律效力。研究者指出，这些放良书的内容大多涉及佛教观念。放良书一般分为四个部分，第一部分讲贵贱不同的原因，多是将其归因于果报不同或者说受业不等，即佛家报应轮回思想的一大体现；第二部分讲放良的理由；第三部分是对放良之后奴婢的祝词；第四部分为主人的保证词。比较完整的放良书当推敦煌文书 S.4374 号《从良书样文》：

01. 从良书

02. 奴某甲婢某甲，男女几人。吾闻从良放人，

03. 福山峭峻，压良为贱，地狱深怨。奴某等

04. 身为贱隶，久服勤劳，旦起素恭，夜无安

05. 处。吾亦长兴叹息，克念在心，飨告

06. 先灵，放从良族。枯鳞见海，必遂腾波，

07. 卧柳逢春，超然再起。任从所适，更不

08. 该论。后辈子孙，亦无阑怅。官有正

09. 法，人从私断，若违此书，任呈官府。年

10. 月日郎父兄弟子孙

11. 亲保

12. 亲见

13. 村邻

14. 长老

15. 官人

16. 官人

从唐律的内容来看，我们可以发现官府对于民众共同签署的放良契约，具有法律层面的约束力。据《唐律疏议·户婚律》所引《户令》：若放奴婢、部曲、客女等贱口为良，并听之。皆由当户的家长亲自给其手写证明，长子以下各位连署，仍经当地

官府申牒，除其贱籍。此外，唐律对于已签署的放良契约，实际上却仍压良为贱的行为则会采取一定的刑罚举措。如《唐律疏议·户婚律》云：凡放免部曲为良民，已经授给放良文书，但又压制为奴的，处徒刑二年；若继续压制为部曲的以及将奴婢放免为良而又继续压为奴婢的，各减上述罪行一等处罚；而将放良的奴婢压为部曲，或放免部曲而继续压为奴婢的，又减上述罪责一等处罚。同时，以上各种非法情况务必纠正之。因此，上举S.4374《从良书样文》中明确标有"若违此书，任呈官府"一语，而且还包括郎父、兄弟、子孙、亲保、亲见、村邻、长老、官人等在内的连署保证，这些都与《唐律疏议》的条款相对应。所以说，在奴婢买卖的寒光下，《放良书》就是一束暖阳，而唐律仍有值得感念的人文关怀，其指导下的司法实践并未与社会现实完全脱节。

四、独具特色的保辜制度

吐鲁番出土了一件定名为《唐宝应元年六月康失芬行车伤人案卷》的文书，虽有残缺，但仍属保留文字较多、办案过程及处理结果基本完整的案卷。这60行文字主要涉及了唐代保辜制度，为后世了解唐代法律制度与法律条文在司法审判中的具体运用、实施提供了比较完整的资料。

　　该文书是唐代官府依据唐代实体法所进行的实判，并非明法科的考生学习国家律令法典过程中所撰写的拟判。其中，第1行到第15行是原告的控诉状：百姓史拂那、曹没冒控告行客靳嗔奴所雇之人康失芬在大街上驱车快行，辗伤当时在张鹤店门前坐着的8岁男孩金儿及女孩想子，造成金儿腰以下骨头碎破、想子也是腰骨损伤，请求县司对这一可怕的人身伤害案进行处理。第6行"追问铮示"、第13行到第14行的"付本案铮示"，指的是县司对原告诉状的知悉与批示。第16行到第33行为县司对双方当事人的讯问与核实：先是审讯了原告史拂那等，他们"依实谨辩"了金儿、想子之身体所受损伤的客观事实，并陈述了被告——加害人康失芬的身份以及康失芬辗伤金儿、想子的经过；再者，是对被告康失芬的讯问，应该没有采取拷讯，其人也据实坦言自己驾驶着借来的车牛，不熟悉其脾性，没想到速度过快，力所不逮，牵拽不得，最终造成了辗伤两个少年的惨剧，并表示了伏听处分的老实态度。第34行到第42行乃是县司对这一事实确凿的人身伤害案判处之前，再次对被告即加害人康失芬的讯问：康失芬承认自己对金儿、想子的身体造成了严重损伤的同时，又陈述了他心甘情愿依法采取保辜之策，保证及时治疗，不离医药，若伤者仍旧不幸身死，则求准法治罪的想法。第43行到第44行为勾检官签署的名字与日期，遗憾的是整个"受事发辰，检勾稽失"的文字已阙失，只留下了"检诚白""十九日"几个字。第45行到第60行为县司的批示：先是何伏昏等保人出具的保状，再是县司勾检官对该诉讼的处理建议，最后是县令拿的主意：将康失芬放还，不再羁押，而是令其对伤者采取保辜之举，并及时向县司汇报情况。这也是该起人身伤害案件的最终处理结果。

这一案卷中曾两度提到"保辜"二字，一是康失芬自述"今情愿保辜"，二是县司批示中的"勒保辜"。保辜是我国古代法律制度中关于处理伤害罪的一种机制，"今情愿保辜"和"勒保辜"的说法涉及唐律中保辜相关法律条文在司法实践中的具体运用。保辜作为一种法律制度，由来甚久，最迟在汉代已经出现，其起源甚至可能更早。到了中国最后一个王朝，《大清律集解》仍然设置了"保辜期限"专条，"保，养也；辜，罪也。保辜谓殴伤人未至死，当官立限以保之。保人之伤，正所以保己之罪也"；并强调"勒限保辜"，法司责令加害人延请医生调治受害人，待到保辜期限满了、评判过受害人的身体状况再定罪发落。保辜的提出是在主审官对伤害事实认定之后和司法机关判决之前，而且并不是每个伤害案件都适用保辜。若伤害人不愿意或无能力对受害人进行医治，法官则可依照唐律有关条款进行判决，而不必适用保辜程序，如本案主审官某铮审问"今欲科断，更有何别理"即是明证。

唐律沿袭前朝的法律遗产，在律文中设立了保辜专条予以具体规定，进而完善了保辜制度。《唐律疏议·斗讼律》"保辜"条云：凡保辜，属于手脚打伤人的，辜限为10日；以其他物品打伤人的，辜限为20日；若以金属刀子及开水烈火伤人的，辜限为30日；折跌肢体及伤破见骨的，辜限为50日。实施殴打与致伤不必同时具备。若受害者在限内死亡的，各依杀人罪论；若其在限外死亡，或虽在限内而由于其他原因死亡，各依原来的殴伤法追究。同时，与其相关的注解还以阐释语义、分句解说的方式对保辜作了补充说明，如其他律条里涉及杀伤、殴伤、故意杀伤、斗殴杀伤、谋杀及强盗等，保辜都照此条办理；或致人堕胎、眼瞎、毁坏他人生殖器官、牙齿折断等犯罪，可以比照本条以手脚、物品、金属利器、开水烈火伤人情况的保辜来处理。

另外，唐律在"兵刃斫射人"及"殴人折跌肢体瞎目"条和相关注疏中，还就受害人在其他情况下受到伤害而应如何确立保辜期限、如何定罪量刑作了细致推敲。同时，唐律对其他致死致伤的情况也作了具体说明：假如殴打他人致使头部受伤，而伤口受到感染，并因此致死之类，仍依杀人罪论处；若不因头部伤口感染，另因其他疾病而死的，这就是别有原因，各依照原来的殴伤法处治。可见，受害者的死亡与加害人的加害行为之间有直接关系的，依照杀人的律条定罪量刑；被伤害人的死亡与加害人的加害行为之间没有因果关系的，依照殴伤法治罪量刑。一般情况下，按照唐律的相关规定，斗殴杀人处以绞、斩一类的死刑。但是，斗殴伤人或处杖刑、或处徒刑，最终应定为何种罪名、执行何等刑罚，要看保辜期限达成后，被伤害人的存亡和具体伤势再确定。

总体上看，唐代保辜制度具体而完备。就保辜适用的范围而言，是以斗殴为典型代表的伤害案件，也包括其他非斗殴因素造成的伤害案件。一是凡是殴人，皆可以设立辜限；只要是通过手打脚踢的，无论伤没伤着，一律采纳辜限 10 日的标准。而且，殴、伤都要确立保辜期限，即殴打的实施与受伤情况要区别对待。二是凡有伤害事实而不论何种原因所致，皆可保辜。即因加害而造成的伤害或因殴打、或因推拉而仰面跌倒、或因恐吓胁迫而身体受伤、或因其他而引起的人身伤害，都可按照保辜制度来处理。三是一切斗殴、伤人和因斗殴而杀人的案件，无论是故意、谋杀、强盗，也同样适用保辜专条。从西州康失芬行车伤人案及唐律保辜专条来看，这只是一起非斗殴伤人的人身伤害案件，起因是其驱车快行，力所不逮而辗伤他人。

从律文来看，保辜期限的长短不一，是根据所用器物危险性的大小和伤情轻重的程度而定。举手打人、抬脚踢人的保辜期限为 10 天，用其他器物伤人的保辜期限为 20 天，以铜、铁一类重器锐器弄伤人或烧坏烫烂人的保辜期限为 30 天。可见，伤人所用器物的危险性越大，保辜期限则越长；所用器物之危险性越小，保辜期限则越短。从立法原则看，保辜期限不可以无限期地延伸。不论加害人是怎么致人受伤的，只要造成受害人骨折、骨节错位及骨头破损者，保辜期限一概为 50 天。这一保辜期限的最高标准，与器物危险性的大小轻重不同，依据的是受害人直观显现出来的伤势程度。

保辜期限也是加害人的责任期限，所谓"保己之罪"，故保辜期限越长，加害人的责任就越大。骨折、骨节错位、骨头破损皆属伤势严重一类，情况较为复杂，而恢复痊愈相对困难，所以保辜期限相对较长。康失芬行车伤人造成金儿"腰以下骨并碎破"，想子腰骨损伤，依据保辜制度之规定，属于伤情严重一类，保辜期限应该较长。然而，该案卷有残缺，勾检官"受事发辰，检勾稽失"的判辞未能保留下来，只是提到了保辜请求和准许保辜的批示，但依情依法都该有个具体的期限。

由于案卷中所造成的人身伤害主要归因于康失芬在街道上驱车快行，而《唐律疏议·杂律》恰好专门设置了"街巷人众中走车马"的法条。结合相关条文与注疏来看，唐律中关于在街巷及人众中走车马的罪行，因各自情节及后果的差别而处罚不同：一是凡无故在街巷及人众中走车马者，若未造成人、畜伤亡后果，则笞50下；若造成人、畜伤亡后果的，则牲畜伤亡的应减价赔偿，而人伤亡者依斗杀罪减一等治罪。二是凡因"公私要速"而在街巷及人众中走车马者，若未造成人、畜伤亡后果，则免于处罚；若造成人、畜伤亡后果的，则畜伤亡者依减价赔偿，而人因之伤亡者则依过失杀伤法征赎。三是凡因"惊骇不可禁"而在街巷及人众中走车马者，若未造成人、畜伤亡后果，则不予追究；若造成人、畜伤亡者，则畜伤亡者依减价赔偿，人伤亡者依过失杀伤法减二等征赎。同时，古代没有现代化的交通工具，因此交通事故的发生概率很低，至于突发性因素有时难免造成交通肇事案件。

案卷中的"准法科断"一语，既体现了唐人对法律的了解与熟知，又体现了基层司法实践中对唐律的适用与落实。康失芬在街道上驱车快行与律条中所规定的"公私要速"之条件、情节不相符，仅仅是驱车到城外搬运土坯，返回时没能控制好牛车，行至城南门口时遂辗伤金儿、想子。另外，虽然康失芬所使用的车、牛是借来的，主观上他也是不熟悉、力气又不够而造成辗伤，但与"惊骇不可禁"的条件、情节也不完全一致。所以，康失芬行车伤人只能定性为无故于城内街巷及人众中走车马的行为，因此造成了他人的人身伤害。若金儿、想子不幸于"限内死者"，依律对康失芬应以斗杀人罪减一等处罚，即"诸斗殴杀人者绞"，至于减一等的话，即处以流刑 3000 里。也正是基于有法可依，康失芬在表示情愿保辜的同时，又就实施保辜所涉及的责任问题，作出了若伤者不幸身死，他则情愿依法治罪的承诺。

宝应元年（762）六月的那个夏天，西州康失芬行车伤人一案不但向我们提供了一个如何适用保辜制度及量刑定罪的活的案例，还展示了唐代基层组织处理一般诉讼的步骤与过程，即首先是原告向县司提出控告，陈述所发生的客观事实；其次由县司对双方分别进行讯问并予以核实；再次是被告的陈述与申辩和勾检的"检勾稽失"；最后是县司作出的判决。而 60 行文字中，关于时间的记载有多处：元年"建未月日"四次、"建未月日"一次、"四日"两次、"十九日"三次、"廿二日"一次。同时，元年建未月日从案卷第 5 行的首次出现，到第 51 行的最后一次出现，可以说贯穿于整个文书。而四日、十九日、廿二日也依据案卷的先后顺序而分别在第 7、15、44、54、56、60 行逐一显现，可以说条理清晰。这表明从当事人控告开始到最后结案的整个过程，都在同一个月内完成。

保辜制度将惩罚与教化相结合，蕴含着先秦以来盛行的"明德慎罚"思想。给予加害人以机会赎罪，若其在一定时间范围内对被害人采取有效的救助行为，积极弥补其过错带来的损失与伤害，则在量刑阶段可以适当进行减刑。当然，我们要对被害人予以更多关注。唐代保辜制度实行条件有两个：一是被害者的受伤害程度；二是加害者的事后弥补程度。加害者为了能够获得较轻的量刑，在规定的期限内应不遗余力地救治被害人。也许在很多情况下，受害人的家庭较为困难，加害者的及时救助能够发挥雪中送炭的作用，从而提高被害人治愈的可能性。因此，保辜这一举措体现了"恢复性司法"的理念。传统和文化思想对唐律也有影响，孔子称"和为贵"，人与人之间和谐相处，提倡用和解的方式化解矛盾和纠纷。社会上也流传着"大事化小，小事化了"的说法。而保辜制度往往用于案情争议较小、性质不恶劣的案件，无论是对被害者而言，还是对加害者而论，都能够获得比原来更少的伤害，也使得彼此的紧张关系能够得到一定程度上的修复，有效促进社会和谐。我们历来提倡"无讼""息讼"的法制理念，邻里之间的纠纷尽量不要诉诸公堂。这也是避免司法浪费的有效措施，从而提升司法资源的使用效率。

或许，唐朝的保辜制度对今天一些案件不无启发。当今的刑事和解制度可以在审查起诉阶段增加一个观察期，根据案件的性质和轻重程度设立不同的观察期限。首先提出者是加害人，其次需得到被害者和司法机关的同意，之后对被害者进行验伤，还需被害者提供相应的担保，并且设立一个时间段来对加害人进行考察。在此期间，加害人负责医治和救助受害人，期满后对受害人的情况进行鉴定，最终的量刑会参考两次伤情鉴定。这种做法不仅适用于刑事裁量过程，在民事赔偿数额的确定上也会有所参考。

尾　章

唐代法制的国际影响

　　知名法制史专家仁井田陞曾表示，大体上可以说，历史上的中国一以武力、二以儒教、三以法律去支配、控制东部亚细亚地区。不过，冷兵器时代的武力支配对海洋型的国家作用甚微。可是，单就中国传统法律影响而论，东至日本和朝鲜半岛，南达越南，西及西域，北到契丹和蒙古，无一不受到其影响。

一、唐代律令对日本的影响

　　唐代是中国律令制的成熟时期，形成了体大思精的法典，凝结着中华民族法制发展与成熟的智慧，其影响力超越了时空。唐律所包含的精华，或有因时代流逝而消失的部分，但难以消磨的韧性部分也不少。而在日本，作为法律研究一大门类的律令研究属于法制史领域，是主要由受过法学专业训练的法律学者和历史学者共同从事的跨学科研究。律令是国家统治的基本法，构成了法典的基本框架，所以日本方面的法制史、隋唐史和日本古代史各学界经常会使用"律令制度"和"律令国家"等专门术语，如日本唐代史研究会的学者常以隋唐律令制为其研究重心之一。而我国的法制史学界和隋唐史学界，这些年也常常使用同样或类似的说法。所以，中、日两国在"律令制度""律令国家"理解上的差异值得深究。

　　日本学者认为，律令制度脱胎于高层次的中国古代文明，很早便形成了相当完整的体系，这已被几十年来陆续出土的睡虎地秦墓竹简及张家山汉简等法制文物所证实。秦汉以来的中国，撰作了具有普遍性的成文法典并日趋成熟。至少在北魏之后，中华法典渐渐凸显出三个特征：完备的官僚统治机构、以良贱划分为主的身份法和以土地公有为本质的土地法。而隋唐时期律令格式并行，各有重点，严肃缜密，彼此支撑，共同彰显着理想与现实、原则与世情的交互关系。因此，我们将隋唐定性为律令国家，而继承了前代政治遗产的宋、明王朝在某种程度上也可称为律令国家。因此，在探究隋唐制度及理解日本作为律令国家的渊源与变通上，仁井田陞、曾我部静雄、宫崎道三郎、中田薰、泷川政次郎、滋贺秀三、池田温等人在中国律令制的研究上取得了丰硕成果。

我们知道，隋及唐初的国家制度常常被视作日本古代律令制度的原型。在古代东亚世界的格局中，各国向中原王朝进贡，并通过各种形式与中国相联结，逐步形成了以朝贡册封体制为主的传统国际秩序。对于比中国更迟形成集权国家、文明发展相对慢一拍的东亚各国而言，效仿中国的政治架构及其运作方式显然很有必要。由于这一套制度及其运作都蕴含于律令之中，所以古代东亚各国就要考虑如何学习并吸收律令里涵化着的各种制度。毕竟国情上不尽相同，这一文化输入过程必须结合本国实际，渐进地吸取、修正唐代律令，决不可能一次性地被灌输他国的法制体系。

相对于其他东亚国家，7世纪初之前的日本已部分地开始吸取中国的律令法，7世纪中叶经大化改新后，为适应当时政治改革的需要，便进入了正式和全面系统的接受期。在日本律令早期的撰作者中，既有赴唐朝学习的留学生、唐人，也有不少大陆移民的后代，这些人都具备研读及传播唐律的有利条件。而7世纪下半叶到8世纪初是日本律令的形成期，主要有《大宝律令》和《养老律令》等法典的编纂和施行，最终得以形成律令国家。总之，隋唐时期的日本从中国输入了律令，并据此完善自己的国家机构及管理制度。基于此，日本的历史研究者将古代日本的国家鼎盛时期称为"律令国家"，并把当时流行的制度称为律令制度。不过，日本律令除了与唐朝律令部分相同或相似外，有的部分则是沿袭此前日本法律独自存在的形式，或是依据日本国情的存在形式而对唐朝律令有所删改。从深层次讲，我们对隋唐律令的研究，有助于探讨同时期日本国家政治生活的本质。

在全面输入唐代法律文化之前，日本法律思想还没发育出完整的形态，传自古代的神祇法律思想以及原始性的习惯法意识都与人文和礼制精神相违背。这是当时日本法制粗陋的一大特点，至于德主刑辅——唐代法律思想的重要标志，很难在"大化改新"之前的日本萌生出来并站稳脚跟。唐高宗永徽时期的律令是日本的大宝、养老两种律令的母法，这一点毋庸置疑。而作为唐律的代表——《永徽律令》是远溯西周、近循汉代的正统思想的制度化与法律化的集中体现。在永徽律的基础上形成的《唐律疏议》，开宗明义地倡言道："德礼为政教之本，刑罚为政教之用，两者犹昏晓阳秋相须而成者矣。""德主刑辅"这种法律伦理在传统社会具有持久的、经典的魅力。因此，《永徽律令》的输入意味着日本在制度上已接受唐代中国的法律内容。

　　日本是一个海洋型的国家，有着非常独立的国土空间和相对独立的文化，对唐代中国的法律思想不可能照单全收。神祇是日本历史文化传统的重要构成，也是其政治思想的核心。然而，儒、法两家主要思想是唐律法治内涵中的主要成分，缺乏明显的神权概念和神祇思想，充满着浓厚的人文色彩。作为大化改新指导思想的基础——舶来的儒、法思想虽然占有很大比重，但固有的神祇思想传统同样受到重视。神祇思想一般表现为一种具体的祭祀仪式，并得以始终保留，这至少同儒家所提倡的礼制并不完全对立。神祇思想的保留在日本参照唐令所制定的《养老律令》中有明确的表示，该令的首篇内容就是"神祇令"，这是唐代律令十分缺乏的。有学者认为，"神祇令"乃日本模仿和变通"僧尼令"的法律形式，并将神祇传统和习惯法律化。这一变通赋予了天皇以神圣性，也使来自中国的唐令官制与日本官制传统得到了较理想的结合。同时，唐代法律体系也借此获得了日本上层的认可。

据日本古代的刑法资料所载，元正养老二年（718）的时候，命令重臣重新纂修律令，各为10卷，而后随之刊行。大宝时期所撰的法典称为古律、古令，在此基础上略加修饰，最终定为令30篇955条。律则分篇为十二：一曰名例，二曰卫禁，三曰职制，四曰户婚，五曰厩库，六曰擅兴，七曰贼盗，八曰斗讼，九曰诈伪，十曰杂律，十一曰捕亡，十二曰断狱。所以，养老律令体系是对《大宝律令》的继承和发展，二者同为古代日本的著名法典。同时，可见日本律的篇目乃以《唐律疏议》为准。唐代的法律体系被总结为律、令、格、式以及具有实践意义的判，而大化改新后日本数十年内通过反复权衡与斗争，逐步以唐制为蓝本参照制定了自己的律、令、格、式，后来又引进了判。尽管日本全面输入了唐代的法律体系，但在次序上还是将令优先于律而且重于律。

天皇制度及其官僚制度是日本传统政治的核心部分，也是日本学习唐律并努力使大化改新制度化的首要任务。早在隋朝末期，日本当时的圣德太子根据儒家典籍和一些法家思想，颁布了

"冠位十二阶"与"十七条宪法"，充分表现出对中国皇帝制度及中央集权式官僚体制的仰慕。在大化改新之后，这些对唐制吸收和摄取的成果被纳入《大宝律令》，促进了天皇制、位阶制的成熟并使其有了法律保障。表面上看，律令中关于天皇的规定比较稀少，恰恰证明了天皇地位的至高无上，而不受限于律令的条条框框。律令制下的天皇摆脱了传统形象，将圣明天子与专制君主集于一身，在治国理念上完成了道德与法治的紧密结合。在崇仰唐风、效仿唐制的顶峰，平安时代初期的嵯峨天皇（809—822 年在位）一朝在天皇的礼服、尊号、汉式谥号以及仪式、宫殿名称、官告样式等方面步步紧跟。因此，这种唐代文化输入的结果促使以天皇为中心各种制度的加速建立，从而巩固了天皇的权力和地位。同时，《养老律令》和《公式令》规定天皇的诏令有五种形式，其中有三种保留了"明神"称号。可见，日本上层不满足于儒家经典和唐朝律令对君主的定位，依然认为天皇是以凡人身份降世的神，具有浓厚的神权政治色彩。

在 7 至 8 世纪时期的东亚世界，唐代官制臻于成熟，已经成为国家控制四民、中央治理地方、皇帝驾驭天下的有效工具。因此，类似唐朝皇帝地位的日本天皇制也迫切需要与之相配套的官僚制度。在中央官制层面，唐代实行的是三师三公、三省六部、九寺五监诸制。三师三公只是荣誉性的职位，权力的行使则集中在三省六部，而三省又各有分工。此时日本中央机构主要是二官八省制，二官即太政官与神祇官，其地位与唐代的三师三公相当，可又兼有唐代三省的职权。神祇官的设立与日本传统的宗教祭祀相关，在实际职能上与唐代的太常寺、礼部祠部司差不多，体现了神道设教的根本要求。日本还将唐朝六部、九寺等机构中一些部、寺的职权并到一个部门，因而成立了新机构，如职权等同于唐代刑部和大理寺的刑部省。在地方官制上，唐朝的行政区划一般分为州、县两级，地方长官由中央政府任命，直接对皇帝负责。但日本将地方分为国、郡、里三级，除国司由中央派遣外，郡、里的行政长官则由地方豪族势力充任。这些都是日本改造唐制的显著例子。

　　如唐朝一样，古代日本的政府机构在司法与行政上也不严格区分。一般而言，司法机关统属在国家机构的系统中，行政机关兼理司法，这本是中华传统法系的一大特点。日本司法体制也像唐朝一样分为中央和地方两级，中央由刑部省和弹正台组成。刑部省是中央司法行政和审判机关，兼有唐朝刑部和大理寺的职能；弹正台是中央监察机关，其职责相当于唐朝的御史台。地方司法机关是地方行政官署，如京都的左、右京职与唐朝的京兆尹相似，国守、郡司分别与唐朝的刺史、县令相似，它们的职权和唐代的规定一致，主持行政的同时兼理司法。而司法实践中的回避、用刑、诉讼等制度，相较于唐制而言，仅仅在具体名称和量刑上略有出入。因此，法律文化的交流是一项严肃而复杂的社会工程。

"十恶"制度是唐律的重要法规，而日本大宝制律时将"十恶"改成了"八虐"，且在刑名和刑罚等级上几乎全部移植了唐律中的五刑制度。稍有不同的是，日本的流刑只分近流、中流、远流三等，里程是以京师到流放地之间的距离来计算的，具体实施可参考《日本大典》中的规定：越前、安艺等国为近流；信浓、伊豫等国为中流；伊豆、安房、常陆、佐渡、隐岐、土佐等国为远流。这里的越前等国是日本最高一级的地方行政区划，以上地点到京城的距离在《法曹至要抄》所引《刑部式》中有所保存：远流1500里以下，700里以上；中流560里；近流300里以上，400里以下。日本的远流比唐朝最低等级的流刑（2000里）还要少500里，当然这与日本狭促的国土空间相一致。

身份制是唐、日律令中的一大重要内容。身份是社会等级的标志，法律将人区分为不同的类别和等级，而中国传统的法律向来以等级著称，在身份法上有自己的特色。在皇室、贵族、官僚之外，它一般将人分为良、贱两类，每一类中又有不同的具体身份。日本通过律令输入了这一制度，将人也分为良、贱两种。良民指一切自由民，包括从皇室、贵族到大多数的普通农民；贱民属于非自由民，其中又可分为陵户、官户、家人（隶属私家的准奴隶）、公奴婢和私奴婢五个等级。良、贱之间界限分明，不得通婚，其子孙也不能逆天改命。从形式上看，这些几乎是唐代制度的翻版，但仍存在着细微差别。如日本律令中所规定的下层良民是品部和杂部，不同于一般农民的身份地位。他们是前代某些部民继承了其世袭职业和官府的隶属关系而沿袭下来的，不交调、庸，只是或为官府劳作，或交纳某些手工制品。而这种身份的人在唐代有专门的称谓——官户和杂户，尤其官户处于贱民的最底层。可见，唐代贱民的范围很大，日本倒是为了模仿唐律而生硬地设置了复杂的群体等级。

针对不同身份，唐日律令都规定了相应的特权，这便是有名的"议请"制度。唐律规定有八种人犯普通罪行时可获得议、请、减、赎、免官之类的特权，谓之"八议"。在《大宝律令》《养老律令》中，日本规定了"六议"：议亲（皇族等）、议故（皇帝故旧）、议贤（有德行）、议能（有才干）、议功（有功勋）、议贵（三位以上的有位者）。显然，日本效仿了唐律"八议"中的前六项，删去了"议勤"和"议宾"这两项。至于日本不设立"议宾"一条，有人解释那是因为天皇源自天神，万世一系，在法理上不可能发生像中国历史上那样的改朝换代，也就不存在唐律"议宾"一条的基础。至于删去了"议勤"一条，很可能是贵族势力强大而官僚政治欠发达，也有人认为臣民服务并效忠于天皇是应该的，所以不存在天皇对臣民勤勉的酬劳。

孝道作为东亚世界共同遵守的社会伦理，在其法律化方面，唐、日两国没有隔阂，尤其在父母丧中的罪行匿不举哀、释服从吉忘哀作乐、杂戏、嫁娶、生子、父母犯死罪在狱中子孙犹作乐者等法条上，日本《大宝律令》规定的罪名与唐律一致，刑罚大体相似。但在具体量刑上，日本普遍比唐律轻，最轻的相差一等（徒一年半与徒一年），最重的甚至相差三等（流3000里与徒二年）。关于孝道蠲免课役，唐代的《赋役令》规定：孝子顺孙、义夫节妇等操行高尚之人，有名于乡村街坊之间者，州县官府当向朝廷省司报告，旌表其门，而且同籍之内所承担的赋役都蠲免。而日本《养老律令》中的《赋役令》也有几乎相同的规定，除政区、中央机构名称有别外，在实质内容上没有一点变化。

均田制是隋唐时期法定的土地制度，也是律令制的物质基础。国家通过对土地分配的控制，进而控制人民和社会，维护着传统法制下的中央集权。而日本大化改新的政治目标便是追求"王土王民"和中央集权的天皇制。因此，日本模仿唐制确立了类似均田制的班田制，在土地种类的划分、班田制核心——口分田的分配、园宅地和山川薮泽的使用上，明显以唐代的田令为准。口分田是律令土地制度的核心，但唐、日两国在这一点上不尽相同。唐朝按照丁口授田，并将田地区分为永业田与口分田，注重耕种收获的实效，日本却是授给广大人民以使用之利，富有均分土地的精神。唐、日田令的差异还不少：其一，日本只授予民众口分田，而无永业田；其二，日本《田令》规定官员自一品至四品、自正从一位至正从五位有位田，唐则授予有爵者以永业田，而无位田；其三，日本功田大功世世不绝，上功传三代，中功传二世……此点为唐所无；其四，诸田地无论出租还是典卖，除非有特别原因，否则完全禁止；其五，日本田地的收授周期为"六年一班"，可唐令规定每年终都有调整的机会等。

在财政和赋役法律方面，唐、日也可以作不少有意义的比较。据研究，日本的财政赋役主要学习了唐朝的租庸调制。唐律令规定国家赋役由租、庸、调、杂役四项构成，并与户内的受田、课口数量相联系。虽然很多条文近乎照抄唐制，但变化仍可窥见。比如唐代的租、庸、调、杂役四项皆以"人丁为本"，日本的庸、调、杂役同样以人丁为准，田租一项却以授田面积为据。原因在于唐、日受田年龄上有差别，日令要求6岁以上男子即可授田。在调的缴纳上，唐、日都要求征收绫、绢、布、帛、麻等这些随乡土所出的织物，但日令还允许输铁、盐和多种海产品——这是唐令中所缺少的内容。简单地说，这与作为岛国的日本对铁的需求和其海产资源丰富相关。此外，唐代赋税中所征收的实物一般是粟、稻等主要粮食和绫、绢等两大织物。唐中期以后，经宰相杨炎的改革，国家财政以两税法取代租庸调制，而且可以折价按货币征收。不过，日本律令下的赋税由种类繁多的实物组成，国家也只收实物租。这反映出唐、日两国经济发展上的差距，也造成了律令内容的不同。

二、高丽对唐律的移植与变通

成书于15世纪中叶的《高丽史》包含了两卷刑法志，简要记叙了高丽时代法制运行的基本资料。《高丽史·刑法志》上说，高丽一代之制大抵仿自大唐王朝；至于刑法，也是模仿唐律，依其国情时宜而用之。此志还记载了高丽律的基本框架：《名例》12条，《卫禁》4条，《职制》14条，《户婚》4条，《厩库》3条，《擅兴》3条，《盗贼》6条，《斗讼》7条，《诈伪》2条，《杂律》2条，《捕亡》8条，《断狱》4条，《狱官令》2条，总计71条。若不含《狱官令》在内，这区区69条比唐律的500条实在是相形见绌。实际上，《刑法志》的内容由名例、公式、职制、奸非、户婚、大恶、杀伤、禁令、盗贼、军律、恤刑、诉讼、奴婢等13个编目构成。至于序文里提到的卫禁、厩库、擅兴、斗讼、诈伪、杂律、捕亡、断狱等8个篇目被遗漏了，相反增加了公式、奸非、大恶、杀伤、禁令、军律、恤刑、诉讼、奴婢等9种名目。显而易见，这些条文都对相应的唐律律文作了改动，使得唐律在向高丽输出时发生了严重变形。

《唐律疏议》的第1条到第5条规定了五刑制度，第6条则规定了针对皇帝及国家安危的"十恶"罪名，两者在《唐律疏议》502条中居于首要地位。作为唐律的重要内容之一，"十恶"制度基本围绕着专制君主国家的皇权而展开。君主即国家、国家即君主，那么君主的安危即国家的安危，国家的安危即君主的安危。因此，无论如何在法制中强调君主安危的重要性，均不为过。尽管如此，《高丽史·刑法志》在模仿唐律的情况下，在名例编中并未收录如此重要的"十恶"规定。奇怪的是，对《唐律疏议·卫禁律》关于"卫"的具体规定也没作任何吸收，这可是直接关系到君主安危的宫廷警备等事项！因此，有研究认为，《唐律疏议·名例律》的大部分内容没有被《高丽律》移植。这些没被移植的内容大致分为三类：关于社会某些阶层地位和法律特权的规定，主要涉及八议者（议章）、官爵五品以上（请章）、七品以上之官（减章）、应议请减（赎章）、妇人官品邑号、五品以上妾有犯、一人有议请减、以理去官、无官犯罪、免所居官、除免官当叙法、以官当徒不尽、除名比徒三年、官户部曲官私奴婢有犯等律条。

同时，《唐律疏议·名例律》中最有价值的部分，是那些相当于现代刑法典中关于犯罪和刑罚问题的总则性规定，如犯流应配、流配人在道会赦、犯死罪非十恶、犯徒应役家无兼丁、工乐杂户及妇人犯流决杖、更犯时未老疾、彼此俱罪之赃、以赃入罪、略和诱人、会赦改正征收、犯罪未发自首、犯罪共亡、盗诈取人财、同职犯公坐、公事失错、共犯罪造意为首、共犯罪本罪别、共犯罪有逃亡、二罪从重、同居相为隐等律条。这些律条十分严谨而凝练，均为准确定罪量刑与适用法律所必需，最能体现立法技术的成熟与发达程度。这些制度的适用对象比较广泛，律条中所设定的种种界限对于一般民众免受刑罚的枉滥有着非常积极的意义，但《高丽律》对此不予重视。

　　高丽律的盗贼篇相当于唐律中的贼盗律，而唐律中的贼指的是包含在"十恶"内的谋反、谋叛、谋大逆等对君主与国家的严重危害行为以及如谋杀亲属等非伦理、不人道的行为，盗则指窃盗与强盗。高丽一方面将唐律的贼盗律这一名称更换为盗贼律，另一方面将属于《唐律疏议·贼盗律》中的重要内容——谋反、谋叛、谋大逆等罪行及其惩处排除掉，仅收录了数条涉及窃盗、强盗等与盗犯的逮捕与处罚相关的法律及一些相关的编年记事。虽然《高丽史·刑法志》的序文提到名例12条，但在具体内容上仅见到五刑、刑杖式、辜限、禁刑等律6条、令1条、式1条，共计8条，还有剩余未收录的4条，不知道是否与"十恶"制度相关。并且，该志的序文明确指出卫禁律为4条，并行用了较长一段时间，但在具体安排上仅有1条卫禁律，还是一条与君主安危不发生任何直接关联的法律。这当是一大疑点。诚然，高丽对唐律的改造和变形并非毫无章法，仍有头绪可循，如对关涉财产犯罪的处罚较唐律为重，对涉及婚姻家庭关系犯罪的处罚则较唐律为轻，却增加了唐律所没有的"殴妻父母准十恶不睦论"的规定，将妻族与丈夫本族放到了同等地位。

在《高丽史·刑法志》中，奴婢条目的编撰值得注意：一、奴婢制度源于很早以前的盗窃罪；二、随着时间推移，国家和社会对奴婢的需求逐渐增加，进而导致较频繁地进行奴婢资源的争夺与兼并，因此，对于相关治理机构以及法律规定的要求变得更加严格；三、高丽时代发生的关于奴婢问题的诉讼、审理及判决，对后世具有很大的参考价值。高丽律"奴娶良女"条系截取唐律"奴娶良人为妻"条的一段，并增加"诈称良人，二年"一句而成，但唐律此条的处罚对象是为奴娶良妻的主人，而高丽律处罚的却是男奴本人。高丽实行"一贱永贱""从贱不从良""父母一贱则贱"的原则，只要一旦沦为贱民，本人及其子孙永不能摆脱贱籍。即使本人被放良，有效期也仅限一代一人，其子女家人，包括放良之后所生子女仍为贱民。另外，只要父母有一方是贱民，本人及其子孙就永隶贱籍。这种悲剧性的做法与唐律关于奴婢的规定差别较大。

《高丽律》不少律文与唐律的相应律条存在着细微差异，主要因为采用了不同的立法技术。从总体上看，高丽律以列举式的立法技术为主，这在形式上使律条烦琐、臃肿，而且在内容上也缺乏广度与深度。唐律对法律概念和法律适用进行解释的一些规定，如本条别有制、断罪无正条、称乘舆车驾及制敕、称期亲祖父母、称反坐罪之、称监临主守、称加者就重、称道士女官等律条，基本上属于技术性规定，也是唐代法制发达的体现和产物。这两部分条文和唐律的其他有关律文一起构筑了唐律"罪行法定"的特色，而在高丽律中则没有相应地位。高丽律的律文一般尽可能地少用"加""减""准""罪止""从坐"等概括性的法律术语。通过对其他律条的综合分析，我们了解到这是一种普遍现象。之所以如此，主要由于高丽律的《名例律》以及其他各篇的通例性规定太少，使律文之间难以呼应，没有形成有机联系，所以不得不在各个具体的法条中采用列举的方法。

　　有学者认为，高丽王朝对唐律的变形采用了"筛选法"和"改造法"两种主要形式。所谓"筛选法"，一般通过大量删削唐律的关键法条和制度，使其不能在高丽境内适用。高丽律在移植唐律时，经常将疏议部分的文字移入正文。"改造法"即制律时对唐律相应条文进行改动，以吸收到本国律典之中，一般有以下几种方式：1. 基本照抄唐律的某一律文，但并不采用唐律概括式的立法技术，而是采用列举式。2. 截取唐律某一律文的一部分或几部分，在表述上略做改动。3. 分别截取律文和律疏的某些部分，将其混合、改造和加工。4. 截取唐律某几条律文的一部分并将它们糅合为一。5.在上述删改、合并的基础上，再添加一些反映本国固有传统、文化或社会状况的内容。因此，将唐律与高丽律的关系定义为母法与子法的关系不够精确。

高丽律和唐律在实施方式上也存在重大差异。以刑罚的适用而论，首先，唐的刑罚重而高丽轻。如唐代徒刑多配流，其实与流刑无异，而高丽没有徒配之法。其次，唐的适用标准严而高丽相对宽松。比如，赎刑在唐代乃是一种特权，适用有严格的条件限制；在高丽却是对公徒、私杖以下各种"杂轻罪"的代用刑。以流刑为例，高丽国土面积狭小是不争的事实，从其国都出发，无论朝哪个方向去，少有超过2000里以上的地方。高丽律根据自己的国情，将流刑分为流于无人岛、流于有人岛、流于陆地三个等级。与此同时，高丽还开发出一套与流刑性质相近的刑罚——"归乡刑"和"充常户刑"。这两种刑罚将罪囚贬为耻辱性质的贱役，基本上等于流2000里和流3000里，但又比流3000里之刑稍重。高丽律在规定的"五刑"之外，还广泛适用着另一套刑罚系统，包括多种刑罚手段，其中的枷杖、降号、髡发、潴宅、录入恣女案与游女籍、归乡刑和充常户刑等都具有耻辱刑的特征。如"降号"主要用于反叛、弑逆一类行为，若某地发生此类案件，则由朝廷下令降低该地的身份级别以示惩戒。如《高丽史·朴义传》载：密城人赵阡杀了当地长官去投贼，朝廷大怒，遂降密城一地为归化部曲。朴义贿赂朝中高官，便向国王说以利害："密城是大郡，缴纳的贡赋非常多，现在将其降为卑微的归化部曲，恐怕黔首流散，赋税不保啊！"至于恣女案与游女籍是对女性实行的一种耻辱刑。因此，高丽对唐的某些刑罚没有全盘接受，而是与该国的传统刑罚同时适用。

司法机构是法律运行机制的重要组成部分。高丽王朝的司法机构主要由大理寺、御史台和刑部组成。一般认为，大理寺是高丽的最高审判机关，乃效仿唐朝的大理寺而设；御史台乃仿唐朝御史台而设的总检察机关；刑部也是照着唐朝刑部而设的司法行政机关。不过，如此类比不能代表实际情况，而是呈现出复杂的样态，尤其是名称相同、职掌却迥异的情况。唐代的大理寺是中央专职审判机关，而高丽大理寺仅是一个监狱管理机构。《高丽史·百官志》记载：典狱署掌狱囚，立国之初便设置，后来改为大理寺，官员有评事等。唐代刑部既是一个司法行政机关，同时还履行一定的审判职能（覆审），而高丽刑部则被精简成一个审判机关，如《高丽史·百官志》记载刑曹的职责：掌管法律、诉讼及审理之政。朝鲜时期的金安国（1478—1543）在其所出科举

试题中曾直言："我国从新罗王朝开始，崇尚华夏礼教，而高丽
王朝建立后，国家制度大抵效仿中国。现在我们尊事大明王朝，
典章制度都一一效仿，但其中也多有不同之处。如中国设立刑
部，还设有大理寺，但我们只有刑曹，并没有专门的审判机构，
这是什么原因呢？"

　　然而，唐、高丽两国的御史台、地方司法机构以及最高统治
者在司法实践中的作用同中有异。两者虽然同是监察机关，也
履行着一定的司法职能，但高丽御史台的首要职能是"论执时
政"，其次才是"掌纠察弹劾之任"。而"论执时政"的职能主要
通过行使两种权力体现出来：一是御史同谏官一起享有"署经
权"，国王对官员的任命最后都必须有御史和谏官的签署方能生
效；二是御史台享有驳执权，在一些国务上可以直接驳回国王的
决定。所以，与唐朝皇帝不同的是，高丽国王的最高司法权受到
明显制约，尤其在涉及死罪的重大案件上，国王需与宰臣共同商
议决断，并强调这是先代以来的规矩。同时，高丽的重要国政一
般要经过大贵族控制的中书门下（后为都评议使司）合议才能实
行。而唐代御史台是皇帝的"耳目之司"，主要负责监督国家法
律、制度规范、政令能否正常行用。

　　唐、高丽两国国情有别，社会结构和权力格局不一样。如

上，御史台恰好表现了高丽王权与贵族权力之间的平衡与制约。唐代处于贵族制日趋没落、官僚制日益发达的历史时期，唐律的《名例律》部分为官员准备了种种特权，尤其体现在针对各级官员的赎刑上，这需要严格的身份限制。而高丽仍是一个典型的有严格等级限制的贵族社会，贵族世代占据着一些重要职位，而且还通过"荫叙"制度及在科举制上设置有利条件，使其势力和地位得以世代相承。因此，高丽赎刑的适用标准相对宽松。

在地方制度上，唐、高丽都实行司法、行政合一的体制。唐代州县的地方长官由朝廷任命、吏部考核，依法开展行政和司法工作。而高丽地方贵族势力强大，官府的司法权限较小，行政司法事务基本上被豪族把持，朝廷不得不严令要求地方官员负起司法上的责任。据《高丽史·刑法志》职制条记载，成宗七年（988）要求诸道转运使及地方官员必须受理百姓的诉讼，如果不肯受理的话，皆由京官处置。自今以后，越级上告而州县长吏不履责的，应予节级治罪。但这些措施的效果并不明显，如北宋徐兢《宣和奉使高丽图经》民长条记载：民长的称谓就如乡兵、保伍之长一样，在民众中拣选富足之户来担当。其所在聚落的大事，由官府主管；小事则由民长拍板定夺。因此，聚落内的乡民对其十分尊重、服从。其实，无论大事小事，这些富足的民长对基层秩序影响极大。

高丽在移植唐代法律时所发生的变形有着深厚的历史背景，造成其较为疏略的情况不外乎两种：一是为了适应当时朴素、单纯的社会情况；二是不能完全摒弃从新罗时期传下来的法规，再加上向还不熟悉法治生活的人民灌输唐律，对人民而言负担过重。但在具体的司法实践中，若遇到高丽律未规定的案件，可以直接适用唐律本身，并将唐律置于与高丽律等同的地位。高丽王权和贵族势力的斗争有时很激烈，一些大的贵族被消灭，而王权也面临失坠的威胁。在这种情况下，国王为了突破贵族势力的围剿和胁迫，有时候不得不依靠来自中原的士人，高丽称他们为"归化人"。通过这些中原儒士，引进"中华之制"，倡议君主集权的强化，非常容易招致贵族势力的不满和反对。于是，这些高丽的上层便打出维护"土风""土性"和"土俗"的口号，以和"华化"政策相抗衡。朝鲜王朝时期的学者曾评论道："高丽之治，半夷半华。"而唐代法制的变形就是唐、高丽文化冲突的结果之一。

三、对越南、琉球等国的影响

日本、朝鲜、越南作为中华法系最具代表性的子法国，其律典的制定属于中华法律文化的外溢，特别是唐律向周边国家传播的成果。越南后黎朝建国于朝鲜李朝之后，朝鲜主要采用《大明律》，以常理推论，黎朝也应当奉行《大明律》。但细究之下，黎朝编纂的法典虽曾参照了唐、宋、元、明诸律，实则以唐律为唯一楷模，《大明律》反而退居次要地位。

与同样受到中华文化影响而发展起来的朝鲜、日本相比，越南与中国的政治关系更为紧密，也更为复杂。越南地处东南亚中南半岛东部，同时又与中国山水相连，这就导致越南受中原文化以及东南亚文化的双重影响，但两边对其影响都不那么深刻。越南自雄王时代（前7世纪至前3世纪）就出现了规范社会生活的"法律"，在一定程度上，早期的法律具有风俗习惯法的性质，很难说达到规范与典范的程度。根据《汉书》记载淮南王刘安给汉武帝的奏章中提出，自三代圣治以来，胡人、越人不遵循中国的正统礼法，进而表达了不能完全用汉律来统治越人的主张。据《后汉书》，马援将军向朝廷奏报"越律"与汉律相违背者十余条，并与越人申明旧制以约束之。从其他史书可知，从南越王赵佗（前240—前137）到汉、隋、唐各都护政权，都要用越人的俗律以管理和统治越地。

1427年，明宣德帝宣布从安南撤军，册封陈朝后裔陈暠为安南的统治者，安南恢复独立。但因为黎利抗击明朝有功，人心所向，所以陈暠自不安乐，后来被迫饮鸩而卒。陈暠死后，1428年黎利登基，是为黎朝太祖，国号称大越。自此，开始了越南国家法制建设之路。在法典编纂方面，古代越南的法典化范式是横向模式的典型。后黎朝于洪德十四年（1483）颁布的《洪德法典》，也叫作《国朝刑律》，是越南现存最古的成文法典。这部法典以唐律为底本，兼采《大明律》及为数颇多的越南固有法的条文编纂而成，充分反映了越南本身的社会习惯。《洪德法典》共6卷12章722条，体例上完全模仿唐律的编排，分为名例、卫禁、职制、军政、户婚、田产、奸通、盗贼、斗讼、诈伪、杂律、捕亡、断狱等章。

后黎朝成功地模仿中国律典而编纂出自己的《洪德法典》，其重要因素在于，历史上的越南长期处在北属状态，中原文化潜移默化地影响着越南的文化。有的西方学者客观地指出："南方人（指越南人）在新的历史时期对中国文化的接受，只不过是使他们回归到自古就熟悉，而今改变不大的文化氛围中，在那个时代，他们作为中华帝国的子民，共同参加了文明的缔造。"

需要注意的是，尽管《洪德法典》是模仿中国的唐律等律典而成，但仔细研究可以发现，越南对中国法律的模仿并非不加分别地照搬照抄，而是系统考察了中国自唐律以来所颁布的各朝法典，拣选了适用于越南本土的律文而予以采纳。其中，有些条文是原封不动地搬过去，有些条文则是改造后纳入的。除了模仿中国的律典，越南在编纂这部法典之时十分注重本土文化的因素，将本土文化与模仿来的中国文化有机结合，成就了这部经典的《洪德法典》。据研究，在《洪德法典》的722条律中，有407条完全是越南自创，其他300多条虽受中国律典的影响，但也有很多自我创新之处。通过严格对比，《洪德法典》的独立条文有412条，与唐律完全相同的有29条，相类似的有171条，受其影响的有110条。因此，《洪德法典》之于唐律的独立性比率约为57.1%，而用类似的方法比较《洪德法典》与《大明律》，得出的独立性比率为88.4%。

就越南的情况而言，《皇越律例》又称《嘉隆法典》，是越南阮朝时期制定的法典。该法典全部内容共有22卷398条，分为名例、吏律、户律、礼律、兵律、刑律、工律等 7 章。由嘉隆帝阮福映（阮世祖）于嘉隆十四年（1815）编成及颁行。该律由嘉隆帝亲自"裁正"，并由阮文诚等在越南历代刑书的基础上，参考后黎朝的《洪德法典》以及仿效中国清朝法律而编成。后来在明命帝（阮圣祖）、绍治帝（阮宪祖）、嗣德帝（阮翼宗）在位期间加以增补。《皇越律例》里面的律名基本和《大清律例》相同，只是有几条稍有改变。和《大清律例》相比，《皇越律例》虽然也抄袭了清律正文中的小注，但其小注数量远远多于《大清律例》。同时，《皇越律例》的条例数也比《大清律例》少得多，《皇越律例》是 398 条，《大清律例》则多达 1000 余条。《皇越律例》的 398 条中，也只有 50 条左右是阮朝自身创制的，其他的条例都抄袭自清律。唐律对清律的影响不言而喻，而清律对《皇越律例》也产生了显著的影响。

《隋书》《旧唐书》对太平洋中的岛国——琉球很早就有了简短记载，而在明、清两朝谨守藩属之职，于清朝乾隆五十一年（1786）开始编撰名为《科律》的法典，分为名例上中下、户役、田宅、仓库、钱债、厩牧、贼盗、人命、斗殴、骂詈、诉讼、受赃、犯奸、断狱、营造等 20 篇，计有 103 条。这些内容基本上都抄自《大清律例》，只是省略了《吏律》的职制、公式，《户律》里的婚姻、课程，《礼律》中的祭祀、仪制，《兵律》里的宫卫、军政、关津、邮驿，《工律》里的河防等篇。可以说，琉球的《科律》一定程度上是《大清律例》部分内容的浓缩，并且其中采用唐律的地方也不少。如《科律·名例》中的"八议"，只是将唐律里的"八议"顺序略微作了变动；《科律》也将刑罚分为五种，且与唐律所用刑名相同；《科律》也设置了"十恶"，同样属于恶劣的犯罪行为，与唐律规定基本一致。因此，琉球对中华文化的学习与引进可圈可点。

吐蕃自文成公主嫁给松赞干布之后，加大了唐文化的学习力度，"释毡裘，袭纨绮，渐慕华风。仍遣酋豪子弟，请入国学以习'诗''书'。又请中国识文之人典其表疏"。此后，学习中华典籍之举屡见于史书，而敦煌文书保存了不少藏译汉籍。开元二年（714），唐玄宗颁布了《令蕃客国子监观礼教敕》。这些观礼于国子监的入唐使节中应该少不了吐蕃行人。那么，唐朝法律同样也对吐蕃产生了影响。据敦煌文献中的 P.t.1071 号《狩猎伤人赔偿律》、P.t.1073 号《纵犬伤人赔偿律残卷》、P.t.1075 号《盗窃追赔律残卷》中存在有律、令两种形式，二者混杂，与唐律相似，其立法形式应采用了唐朝的立法模式。并且 P.t.1071 号《狩猎伤人赔偿律》中关于赔命价的规定，与唐律的赎免制度也有相似之处。"告身"制度始创于唐朝，为朝廷区别官员级别的一种装饰标志。吐蕃王朝将其引入，以告身为标志，在统治集团内部"以别贵贱"。吐蕃"三律"的基本内容是通过狩猎伤人和纵犬伤人赔偿命价及盗窃追赔来表明尊卑贵贱和等级差别的，并且这"三律"庇护亲贵，良贱不可逾越，与唐朝刑律颇为相似。

对于南诏国来说，唐律也常常被用来作申诉冤屈的依据，如《南诏德化碑》所列举的姚州都督张虔陀的罪状——勾结唐朝的宿敌吐蕃，包庇不忠不孝、毁盟叛逆之徒以及横征暴敛、征求无度的恶劣行为，在唐律中均有相应罪名以严惩。唐律在南诏国传播、适用和移植的现象，有其历史和文化上的原因。南诏国原为唐朝所管辖的区域，唐朝对这些地区的直接或间接管理，使唐律中的很多内容被当地的官民公私群体及部族接受。从文化上看，南诏国与唐朝有着密切的文化交流，被作为质子或被派遣到大唐学习的贵族子弟，以及被南诏政权任用的被俘汉官，都比较熟悉唐律。这些人充当了传播、适用、移植唐律的媒介。

至于唐代法制对于中亚西域各国的影响，历史文献等记载无从考证，但无法排除这种影响的可能性。唐代已是当时亚洲地区经济、政治、文化的中心，中亚各国的使节、商队、僧侣经常前往大唐，唐朝的政治法律制度势必被中亚各国所了解一二。向达的《唐代长安与西域文明》等论著在这一方面已有翔实的阐述。100多年来，中国甘肃、新疆境内发现不少关于汉、唐律令的实物，如唐律的残卷、律令格式的残卷与唐宋诉状等文书，而这些地区正是当时中西交通的枢纽、丝绸之路的必经之处。因此，这些发现从侧面证明了唐代法制的次第传播，对于西域诸国的政治或多或少产生了影响。

后　记

　　在新冠病毒将使任何国人无可逃遁的 2022 年末，我接到了耿元骊老师的邀请，并被告知了"唐朝往事"系列丛书的出版计划，在诸多选题当中，我接受了这本关于唐代法制通俗读物的写作任务，手机上便多了一个微信群。由于读研时的专业要求，已将《唐律疏议》《唐六典》阅读、摘抄一遍，此后也常常翻阅，尤其对唐律中的《名例律》6 篇、《户婚律》3 篇及官制较为上心。之后在导师的教诲下，又将《令集解》《令义解》《天圣令》所附唐令、《宋刑统》《唐令拾遗》也一并读了一遍。个人本来对唐代法律制度很感兴趣，再加上这样一点一滴的积累和心得，遂以为完成一本 10 多万字的通俗读物难度不大。始料未及的是，计划中的每一段交稿都不顺畅，通俗读物与那套"高大上"专业论文的撰写很不一样，充满了巨大的挑战，尤其文字上的枯燥令人羞赧。只好硬着头皮往前赶，终于在疫情、家事、工作以及耿老师每个节点准时问候的共同作用下，初稿得以码成。倘再有 3 个月的宽裕该多好，当然主编一直保持着东北人的爽快直白，他的好脾气是有保鲜期的，只好杀青全书。

本来希望对唐代法制成就作一番比较客观的概述，同时吸纳一些近年来的研究前沿及新发现，以揭示唐代律令的时空魅力。无奈学力不逮，一些想法未能落地生根。在初稿准备的过程中，除了参考古人著作和出土文书之外，向近百年以来各位前辈对唐代法制所作研究吸收、借鉴了不少，如沈家本、仁井田陞、滋贺秀三、杨廷福、钱大群、池田温、宋家钰、黄正建、岳纯之、大津透、周东平、王立民、何勤华、陈玺、张春海等人的论著与观点对拙稿启发甚大，其他先进则心怀感恩，不一一列举。同时，在此再次感谢耿元骊、蔡伟及各位编辑的辛勤指导。

孙宁于并州

2023 年 7 月 20 日